Die Originalausgabe ist 2006 bei Bayard Éditions Jeunesse erschienen
Titel der Originalausgabe: Les Mondes Antiques

Herausgabe: Ande Elfassi und Delphine Gravier
Layout: David Alazraki mit Unterstützung von Studio Bayard Éditions Jeunesse

Aus dem Englischen von Cornelia Panzacchi

ISBN 978-3-7607- 2671-7

www.arsedition.de

Catherine Loizeau

ANTIKE

Die Welt der Ägypter, Griechen und Römer

arsEdition

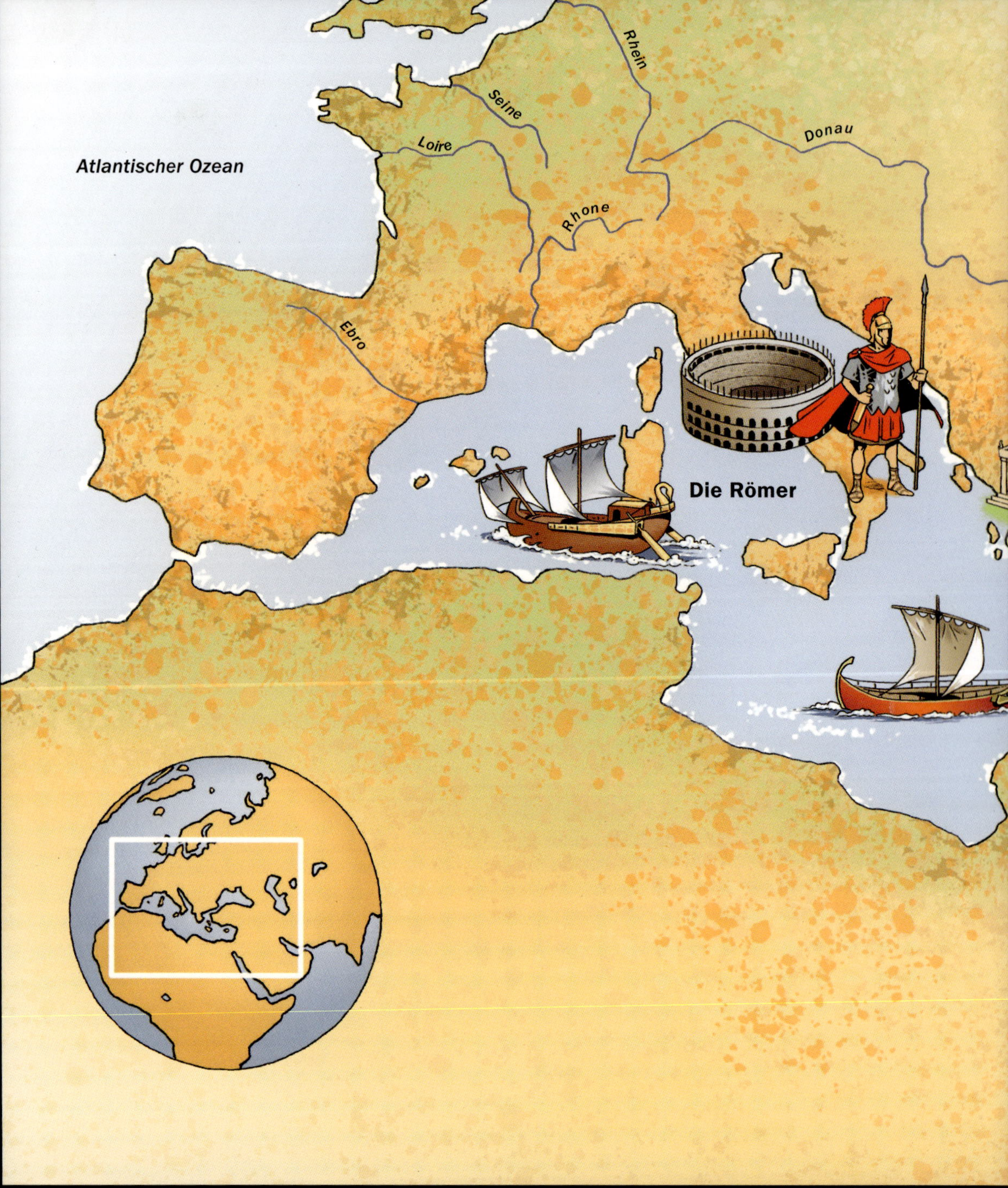

-5000 v. Chr. | -4000 v. Chr. | -3000 v. Chr. | -2000 v. Chr.

Die Ägypter

- -3200 Vereinigung Ägyptens
- -2635 bis -2140 Altes Reich
- -2022 bis -1650 Mittleres Reich, große Militärexpeditionen

Um -3000 Auftreten der Hieroglyphen

Die Sumerer

- Bauern lassen sich im Tal des Tigris nieder.
- -3500 Die Sumerer beherrschen den Süden Mesopotamiens.
- -3300 Keilschrift

Die Griechen

- -2500 bis -1500 Die Kreter
- -2000 bis -1100 Die Mykener

Das Volk Israel

- Die Israeliten versammeln sich um Abraham.
- -1800

Die antiken Kulturen

Auf dieser Karte sind die wichtigsten antiken Hochkulturen des Mittelmeerraums eingezeichnet.

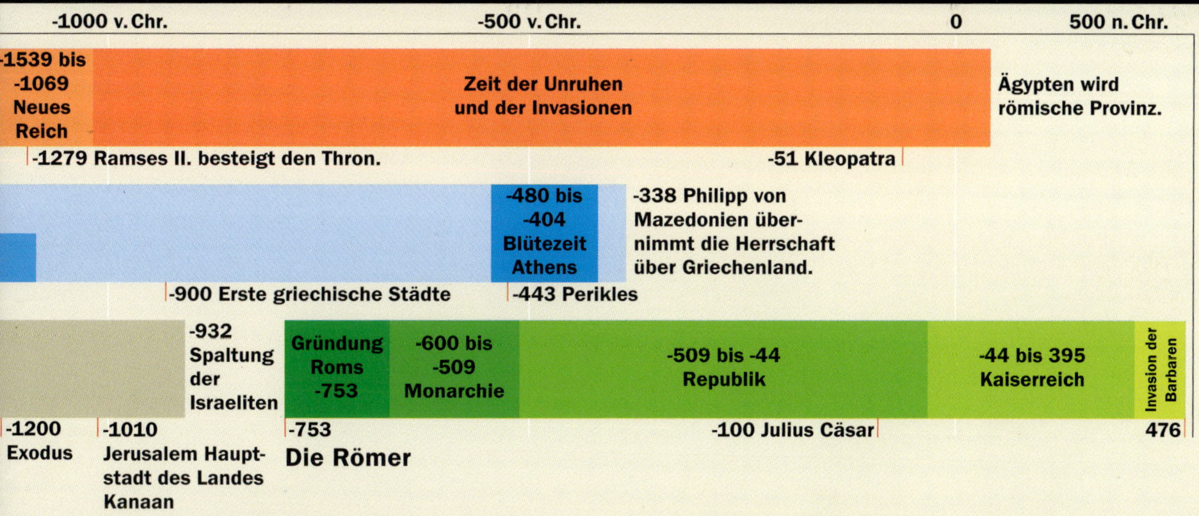

Antike Hochkulturen

Die Griechen  76

Die Römer  122

Die Sumerer

Mesopotamien, das Land der ersten Städte

Der Nahe Osten war die Wiege einer bemerkenswerten Hochkultur. In Mesopotamien entstanden Landwirtschaft, Viehzucht und die ersten Städte. Einige Spuren dieses Goldenen Zeitalters blieben bis heute erhalten und erzählen von dieser entscheidenden Wendung in der Geschichte der Menschheit.

Der Verwalter von Mari
Diese Alabasterstatue wurde in der Stadt Mari gefunden und könnte einen Priester darstellen, der die Schätze eines Tempels verwaltete. Die Augen im lächelnden Gesicht sind mit Muscheln und Lapislazuli, einem blauen Schmuckstein, verziert. Er trägt einen langen Pelzrock, der »kaunakes« genannt wird.

Dörfer

Um 4000 v. Chr. war Mesopotamien, das heute Teil Syriens und des Iraks ist, eine weitläufige, fruchtbare Ebene, durchflossen von Euphrat und Tigris. Hier lebten die Menschen schon lange von Landwirtschaft und Viehzucht. Sie bauten Getreide an und hielten Schafe und Ziegen. Einige spezialisierten sich auf bestimmte Handwerke. Sie wohnten in Dörfern, in Häusern aus Ziegeln und Lehm.

Die Geburt der Städte

Um 3500 v. Chr. beherrschten die Sumerer den Süden Mesopotamiens und damit die Region nahe des Persischen Golfs. In dieser Zeit entstanden größere Gemeinschaften und dadurch die ersten Städte. Sie hießen Ur und Uruk und hatten Tausende von Einwohnern. Sie wurden in der Wüste erbaut und durch Mauern geschützt. Das der Religion geweihte Stadtviertel war das wichtigste. In ihm gab es ein Haus der Götter, einen über Terrassen erbauten Tempel.

Ein Tischler bei der Arbeit. Holz war ein kostbarer Werkstoff und wurde aus dem Libanon eingeführt.

Technische Verbesserungen

Die Sumerer hatten viel vor. Da es kaum regnete, war ihr Land sehr trocken. Die Flüsse führten mal mehr und mal weniger Wasser. Um Wassermangel vorzubeugen, bauten die Sumerer Dämme, Wasserspeicher und Kanäle. Manche Kanäle dienten der Bewässerung der Felder, andere waren Transportwege oder versorgten die Städte mit Trinkwasser.

Der Handel

Die Sumerer tauschten Weizen, Gerste, Sesamöl und Wolle gegen Metalle ein, z. B. gegen Kupfer und Zinn. Die Waren wurden vor allem auf Flüssen und Kanälen befördert und auf Schiffe geladen, die über den Persischen Golf nach Arabien und Indien fuhren. Dank ihrer Lage zwischen Abendland und Morgenland entwickelten sich die Stadtstaaten zu blühenden Handelszentren.

Stadtstaaten
Um 2500 v. Chr. entstand eine neue Art von Städten, von denen manche sehr mächtig wurden. Sie setzten sich jeweils aus der eigentlichen Stadt, umliegenden Feldern und kleinen Dörfern zusammen. Weil jede dieser Städte ihre eigenen Gesetze, einen Hauptgott und ein Regierungsoberhaupt besaß, bezeichnet man sie als Stadtstaaten. Oberhaupt konnte ein Fürst, ein König oder ein Priester sein. Die Städte waren untereinander verfeindet und führten oft Krieg. Es gelang aber keiner, die anderen zu unterwerfen.

Diese mit Tierfiguren geschmückte Schale könnte eine Opfergabe enthalten haben. Vielleicht wurde sie Inanna dargebracht, der großen Göttin der Liebe und des Krieges.

Auf der Reise ins Jenseits
Um 2250 v. Chr. begleitet ein Trauerzug in der sumerischen Hauptstadt Ur eine tote Königin. Sie wird in einem königlichen Grabmal beigesetzt.

Die Erfindung der Schrift

Die Entstehung der Städte wurde in Mesopotamien von einer regelrechten Revolution begleitet, dem Auftreten der Schrift und eines Rechnungssystems. Diese beiden Erfindungen markieren für Historiker das Ende der Vorgeschichte und den Beginn der Geschichte.

Vom Rechnen zum Schreiben
Zuerst erfanden die Sumerer das Rechnen. Sie stellten kleine Scheiben her, die Zahlen darstellten. Diese steckten sie in Tonkugeln, in die sie Kerben ritzten, um die Menge des Inhalts anzugeben. Als Nächstes begannen sie, kleine Zeichen zu ritzen, die für Gegenstände oder Vorstellungen standen: einen Kuhkopf, eine Weizenähre oder einen Fisch. Diese Zeichnungen waren die ersten Schriftzeichen.

Dieses in Stein gehauene Siegel wurde über feuchten Ton gerollt. Dadurch entstand ein Abdruck auf dem Ton, der so etwas wie die Unterschrift des Siegelbesitzers war.

Keilschrift
Die Sumerer stellten aus Ton, den sie an Flussufern fanden, Täfelchen her. In der Sonne getrocknet oder im Ofen gebrannt, waren sie lange haltbar.

Weiterentwicklung der Schrift
Um 3300 v. Chr. verbesserten die sumerischen Schreiber, deren Aufgabe es war, die Besitztümer des Königs aufzulisten, das Schriftsystem. Sie wandelten die kleinen Bilder in Zeichen um, die komplizierte Dinge und auch Laute übermitteln konnten. Diese Zeichen sahen wie Keile und Kerben aus. Deshalb nennt man sie »keilförmig«.

Tausende von Texten
Die Schreiber ritzten diese Zeichen in Tausende von Täfelchen. Sie führten über alle Erzeugnisse von Ackerbau und Viehzucht Buch. Über die Jahrtausende hinweg schrieben und kopierten sie offizielle Texte. Außerdem hielten sie Gedichte zu Ehren der Götter und Könige fest oder schilderten deren militärische Erfolge. Besonders wichtige Texte wurden in Stein gemeißelt oder in Metall eingraviert. Mit der Zeit übernahmen auch andere Völker die Schrift und passten sie ihrer Sprache an, darunter die Assyrer, die Babylonier und die Perser.

In diesen schwarzen, 2,25 m hohen Stein ist ein Gesetzestext eingemeißelt. Außerdem steht auf ihm der Name von Hammurabi, einem mächtigen König von Babylon.

Zwei vornehme Sumerer

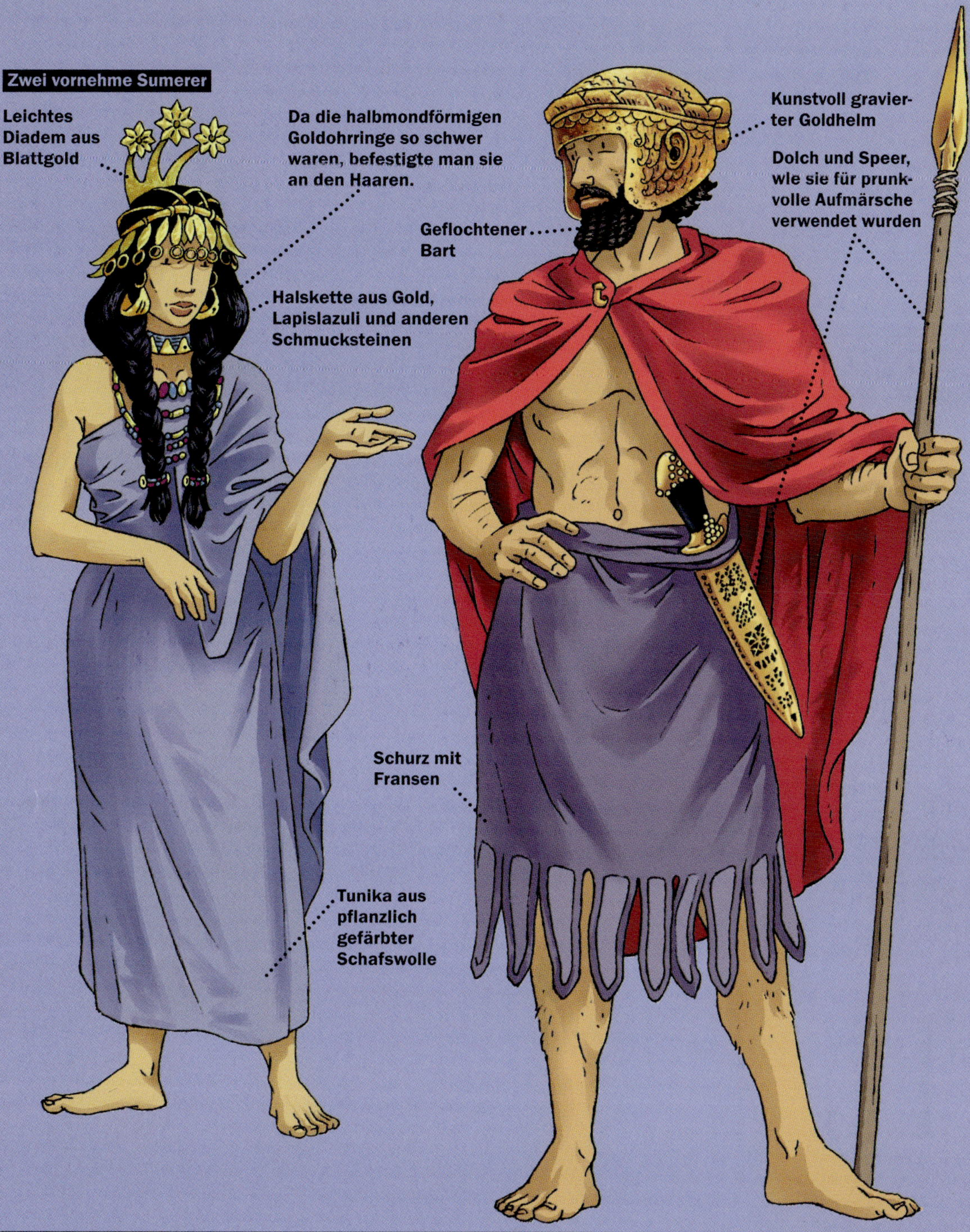

Geheimnisvolle Keile

Im 19. Jahrhundert befassten sich Forscher mit den Inschriften auf dem Grab eines persischen Königs. Es waren in Keilschrift geschriebene Texte in drei Sprachen. Es sollte 40 Jahre dauern, bis man herausfand, für welche Laute und Silben die Zeichen standen. Doch auch dann war die Keilschrift noch nicht vollständig entziffert. Denn um die Schriftzeichen zu verstehen, musste man die Wörter kennen. Drei Wissenschaftler versuchten diese schwierige Aufgabe zu lösen. Als sie ihre Übersetzungen verglichen, stellten sie fest, dass sie übereinstimmten. Es war ihnen gelungen, die Keilschrift zu entschlüsseln!

Hervorragende Wissenschaftler

Vor über 4000 Jahren machten Sumerer wichtige wissenschaftliche Entdeckungen. Bei der Beobachtung des Himmels gelang es ihnen, die fünf mit bloßem Auge erkennbaren Planeten zu entdecken und sie von den Sternen zu unterscheiden. In der Mathematik entwickelten sie ein System, das auf den Zahlen 1, 10, 60, 600 und 3600 beruht und das wir noch heute benutzen. Eine Minute dauert 60 Sekunden und eine Stunde 60 Minuten und damit 3600 Sekunden.

Die Standarte von Ur

Dieses herrliche Mosaik schmückt eine 45 cm lange und 20 cm hohe Holztruhe. Sie wird auch die Standarte von Ur genannt und ist Teil eines kostbaren Schatzes. Das abgebildete Mosaik erzählt von einem Krieg und der Rückkehr des siegreichen Königs in seinen Stadtstaat. Das Mosaik auf der anderen Truhenseite beschreibt das friedliche Leben im wohlhabenden Ur.

Totenpaläste

Bei Grabungen in der Stadt Ur entdeckte Leonard Woolley 1926 die Gräber mehrerer Könige und Königinnen, die östlich des Tempels des Mondgottes Nanna beigesetzt worden waren. Die Gräber waren prunkvoll wie Paläste. In ihnen fand der britische Archäologe nicht nur Skelette von Königen, sondern auch von einfachen Leuten, von Musikern und Soldaten mit Helmen. Sogar vor Wagen gespannte Zugtiere waren darunter. Diese Menschen und Tiere gehörten zum Hofstaat und wurden getötet, um ihrem Herrn ins Grab zu folgen.

Ein kostbarer Schatz

In der Umgebung der Toten lagen wertvolle Gegenstände: Geschirr, Spiele, Musikinstrumente, Waffen und Schmuck. Wegen seiner Schönheit und Kostbarkeit wird der Schatz von Ur mit dem Grabschatz Tutanchamuns verglichen.

Die Stadt Ur vor 4200 Jahren

Weizen- und Gerstenfelder
Das aus Ziegeln erbaute Haus hat zwei Etagen.
Eine Sklavin säubert die Fische, die sie mit der Hand aus einem Bewässerungskanal fing.
Dattelpalmenhain
Schlafzimmer
Innenhof
Küche

Als Schutz gegen die Hitze sind die Mauern weiß gekalkt.
Eine acht Meter hohe Wehrmauer schützt die Stadt vor feindlichen Angriffen.
Einer der beiden Häfen der Stadt
Gemüseverkäuferin

1. Ein Wagen mit massiven Rädern, von Wildeseln gezogen. Vor sehr schwere Wagen spannte man Pferde. Auch in der Schlacht wurden Wagen eingesetzt.

2. Von der beweglichen Plattform des Wagens aus kämpften die Krieger in der Schlacht.

3. Die Besatzung eines Wagens bestand aus einem Lenker und einem Krieger mit Speer.

4. Vorrat an Speeren mit Bronzespitzen

5. Der Leichnam eines Feindes wird von einem Wildesel zertrampelt.

6. Mit kurzen Schwertern und Äxten bewaffnete Fußsoldaten. Sie tragen Lederhelme und nietenverzierte Lederumhänge.

7. Soldaten treiben Gefangene vor sich her.

8. Da er die wichtigste Person ist, wird der König von Ur größer dargestellt als die anderen Figuren.

9. Soldaten bringen die Gefangenen zum König.

10. Perlmutt

11. Lapislazuli

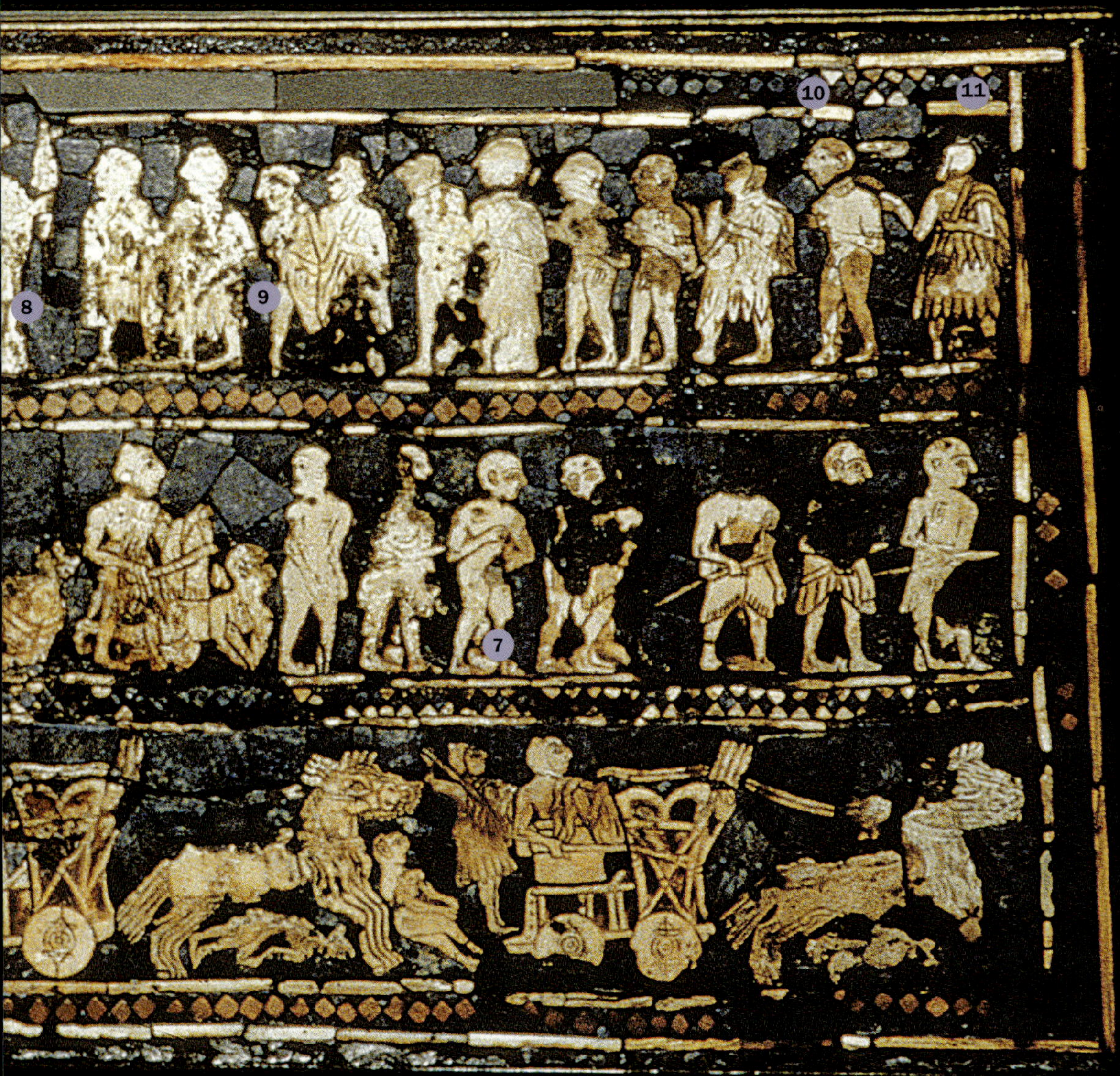

Der kostbare Goldhelm

Zu den schönsten Objekten des Schatzes von Ur zählt ein Goldhelm. Damit er beim Ausgraben nicht ausei nanderbrach, goss Woolley ihn mit flüssigem Wachs aus. Es muss ein Helm für feierliche Anlässe gewesen sein, denn Gold ist nicht hart genug, um Schutz vor Schwertern und anderen Waffen zu bieten. Heute nimmt man an, dass der Helm einem König gehörte, der um 2600 v. Chr. regierte.

Zikkurat (Stufenturm)
Tempel Nannas, Gott des Mondes
Ein Bauer trägt einen Sack Getreide als Opfergabe zum Tempel.
Mithilfe einer Drehscheibe stellt ein Töpfer Tonwaren her, die er im Ofen brennt, um sie haltbar zu machen.
Auf dem Markt gibt es Lebensmittel, Tonwaren und Werkzeuge.

Noch mehr Infos

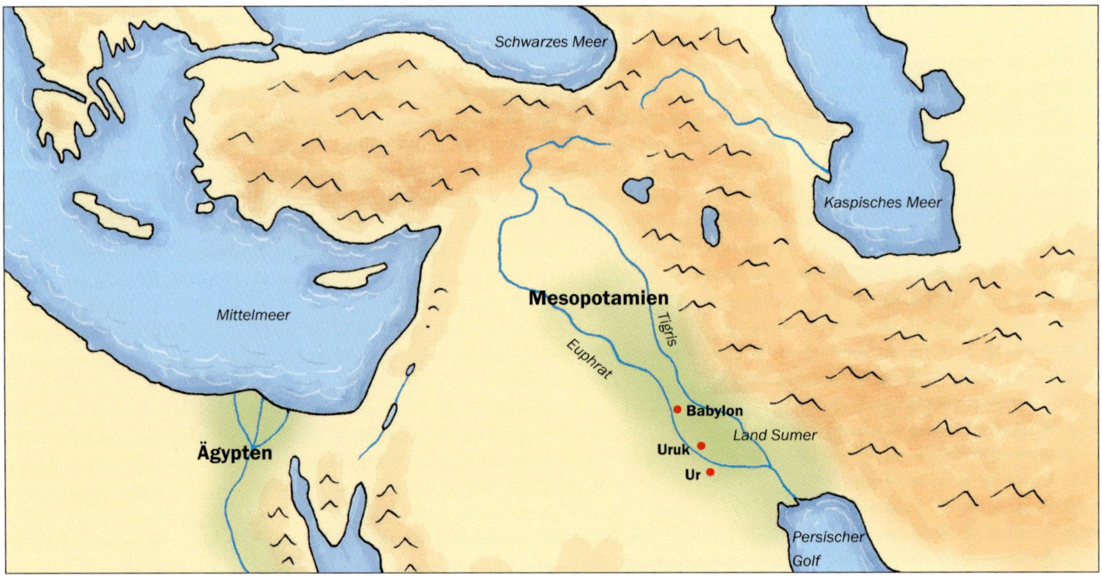

Bitumen, der Vorläufer des Erdöls

Die Sumerer machten die Dächer der Häuser und Terrassen sowie die Schiffsrümpfe mit Bitumen wasserdicht. Dieses teure feste oder flüssige Material wird heute aus Erdöl hergestellt.

Hohe Türme

Die Zikkurats sind die bemerkenswertesten Bauwerke Mesopotamiens. Sie waren 40 bis 100 m hoch und stellten nach dem Glauben der Sumerer eine Verbindung zwischen Himmel und Erde dar. Die älteste bekannte Zikkurat wurde um 2100 v. Chr. erbaut, die berühmteste ist die von Babylon, die als »Turm von Babylon« in die Bibel einging.

Ein berühmtes Abc

Das Abc von Ugarit ist sehr berühmt, denn es zählt zu den ältesten Alphabeten der Welt. Es besteht aus 30 Zeichen in Keilschrift. Die um 1400 v. Chr. entstandene Schrift wurde im Norden Mesopotamiens entdeckt, dem heutigen Syrien.

Die Erfindung der Seife

Um 4500 v. Chr. erfanden die Sumerer die Seife. Sumerische Seife bestand aus Fetten und Pflanzenasche, sie war weiß und sogar teilweise parfümiert.

Die Tempel, Residenzen der Götter

In den Tempeln lebten die Götter mit ihren Familien in Gestalt von Statuen ähnlich wie die Menschen in ihren Häusern. Täglich kümmerten sich Köche, Bierbrauer, Musiker und Handwerker um ihr Wohlergehen.

Die Jagdkunst

In den weitläufigen Gebieten rings um die

königlichen Paläste gingen der König und seine Höflinge auf die Jagd. Sie erlegten das unterschiedlichste Wild, vom Vogel bis hin zum Löwen. Manche dieser Jagdreviere wurden extra gepflegt, damit genug Wild vorhanden war. Der Löwe war das Symbol der Herrscher und Götter. Darum hielten die Könige gerne Jagden ab, bei denen ein erwachsener Löwe getötet und seine Jungen gefangen wurden.

Zu wenig Rohstoffe

In Mesopotamien lagerten keine Edelmetalle. Dafür gab es Schlamm, Schilf und Bitumen im Überfluss. Darum mussten die Sumerer reisen, Handel treiben und sich Techniken ausdenken, um den Rohstoffmangel auszugleichen.

Herrliche Gärten
In den Palastgärten wuchsen Obstbäume, Nadelbäume und Weinreben, aber nur selten Blumen. In manchen dieser Parks wurden auch Tiere gehalten. Die berühmtesten sumerischen Gärten sind die hängenden Gärten von Babylon, eines der sieben Wunder der antiken Welt.

Zweisprachig
In Mesopotamien wurden zwei voneinander sehr verschiedene Sprachen gesprochen: Sumerisch und Akkadisch. Sumerisch ähnelt keiner heute bekannten Sprache.

Die Lösung eines Rätsels
Im königlichen Friedhof von Ur fand man die sterblichen Überreste von Hofdamen, Musikern und Wagenlenkern, die offensichtlich nicht eines natürlichen Todes gestorben waren, jedoch keinerlei Spuren von Gewaltanwendung aufwiesen. Heute nehmen die Forscher an, dass sie freiwillig Gift genommen haben.

Die Sage von Gilgamesch
Gilgamesch ist der berühmteste Held der mesopotamischen Literatur und im gesamten Nahen Osten bekannt. Er erlebte erstaunliche Abenteuer. Durch den Tod seines Freundes, des Löwen Enkidu, begriff Gilgamesch, dass auch er sterblich war. Nicht einmal ein Zauberkraut würde ihm helfen können, dem Tod zu entrinnen.

Allmächtige Götter
Die Sumerer beteten zu einer Vielzahl von Göttern. Die drei wichtigsten waren Anu, Enlil und Enki. Anu war Schöpfer des Himmels und des Universums, Enlil Gott des Windes und der königlichen Macht, Enki Gott des Wassers und der Unterwelt. Die bekannteste Gottheit aber war Innana-Ischtar, Göttin der Liebe und des Krieges und Herrin der Tiere.

Ein berühmter König
Sargon I. von Akkad war Mesopotamiens berühmtester König. Er einte die Region und begründete um 2000 v. Chr. ein Reich, das zwei Jahrhunderte überdauerte.

Völkergemisch
Mesopotamien bildete eine Drehscheibe zwischen Abendland und Morgenland. Im Laufe von drei Jahrtausenden trafen hier sehr unterschiedliche Völker und Kulturen aufeinander, darunter die Sumerer, Akkader, Elamiten, Babylonier, Aramäer, Phönizier, Israeliten und Perser. Häufig führten diese Völker gegeneinander Krieg, doch beeinflussten sie sich auch gegenseitig und trieben miteinander Handel.

Das Leben der Frauen
In der Region des früheren Mesopotamiens entdeckte man 4000 Jahre alte Texte, die auch Informationen über das Leben der Frauen enthielten. Aus Briefen weiß man, dass sie sich um Haus und Kinder kümmerten. Wenn ihre Männer abwesend waren, nahmen sie die Rolle des Familienoberhaupts ein. Sie durften sich auch scheiden lassen.

Der Lapislazuli, ein wertvoller Stein
Die Mesopotamier liebten diesen dunkelblauen oder türkisblauen Stein, den sie aus Afghanistan einführten. Sie verzierten mit ihm Königspaläste und Tempel, aber auch Schmuckstücke und Statuen.

Kannten die Sumerer die Ägypter?

Ja, sicherlich, denn die beiden Völker trieben miteinander Handel. Man fand in Ägypten sumerische Rollsiegel. Abgesehen davon schufen ägyptische Bildhauer Statuen von Ungeheuern, die Tieren aus der sumerischen Mythologie ähnelten. In Mesopotamien fand man allerdings nichts, was aus Ägypten gestammt haben könnte.

Die Ägypter

Ägypten, das Land am Nil

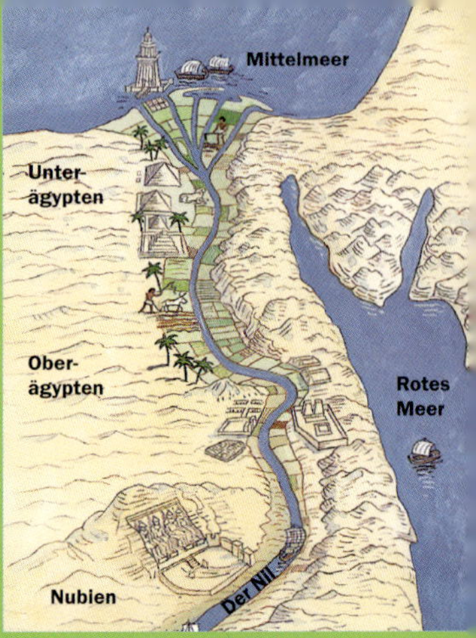

Das alte Ägypten verdankte seinen Reichtum dem Nil, dessen blaues Band sich durch Sand- und Felswüsten schlängelt. Sein fruchtbarer Schlamm düngte die Felder. Die alten Ägypter lebten an seinen Ufern und nutzten ihn als Transportweg.

Der Schlamm, das braune Gold

Weil die Quellen des Nils im tropischen Teil Afrikas liegen, stieg der Wasserstand während der dortigen Regenzeit stark an. Gegen Juli trat der Fluss über die Ufer. Die alten Ägypter versuchten dann Hapi, den Gott des Flusses, durch Opfer gnädig zu stimmen. Denn eine allzu schwache oder starke Überschwemmung konnte Hungersnöte nach sich ziehen. Im November sank der Wasserstand allmählich wieder. Auf den Feldern blieb fruchtbarer Schlamm zurück.

Das blaue Nilpferd

Dieses getöpferte Flusspferd ist so blau wie der Fluss und mit Wasserpflanzen bemalt. Nur die Adligen durften in den Nilsümpfen Flusspferde jagen.

Die Menschen und der Fluss

Die alten Ägypter lebten an den Ufern des Nils. Sie bauten Weizen, Gerste und Flachs an. Die Felder waren Eigentum des Pharaos und der Tempel. Darum mussten die Bauern ihrem Herrscher und den Priestern einen großen Teil der Ernte abgeben.

Menschen aus vornehmen Familien jagten Wasservögel. Sie packten sie an den Füßen und schlugen sie mit Stöcken tot. Der Jäger auf diesem Bild fängt Wildgänse und Enten, die von seiner Katze aufgestöbert wurden.

Der Verkehr auf dem Fluss
Der Nil war die Hauptverkehrsader Ägyptens. Die alten Ägypter bauten keine Brücken, sondern überquerten den Fluss auf kleinen Barken (Booten) aus Papyrus. Größere mit Segel versehene Barken transportierten Getreide, Minerale und wertvolle Hölzer. Zur Beförderung der Steinblöcke dienten große Segelschiffe aus Holz.

Die Tierwelt des Nils
In und am Nil wimmelte es nur so von Leben. In ihm schwammen Aale, Barsche und andere Fischarten. Die alten Ägypter jagten im Schilf mit Netzen Gänse und Enten. Die Flusspferde hielten sich tagsüber im Wasser auf. Die Bauern mussten aufpassen, dass sie nicht die Felder kahl fraßen oder zertrampelten. Krokodile, die als heilig galten, sonnten sich an den Ufern und lauerten auf Beute.

Papyrus und Lotos
An manchen Uferabschnitten wuchs Papyrus. Seine Stauden werden bis zu vier Meter hoch. Auf der Wasseroberfläche schwammen wunderschöne Lotosblüten. In der ägyptischen Kunst war der Papyrus ein Symbol der entstehenden Welt. Darum kann man auch heute noch in vielen Tempeln Säulen in Form einer Papyrusstaude sehen. In der Antike stellte man aus der Papyrusstaude etwas Ähnliches wie unser heutiges Papier her.

Ein Mädchen pflückt Papyrusstängel.

Reich des Lebens, Reich des Todes
Die alten Ägypter lebten und starben an ihrem Fluss. Sie wohnten überwiegend am Ostufer, auf der Seite also, auf der die Sonne aufgeht. Die Toten wurden ans Westufer hinübergebracht und dort bestattet. Also auf der Seite, auf der die Sonne untergeht. Man gab ihnen Miniaturboote mit ins Grab, damit sie auf ihnen ins Jenseits reisen konnten.

Die leichten Papyrusbarken wurden mit einer Stake (Stange) vorwärtsgeschoben. Die Fischer spannten zwischen ihren Barken Netze. Vornehme jagten von Barken aus mit Harpunen.

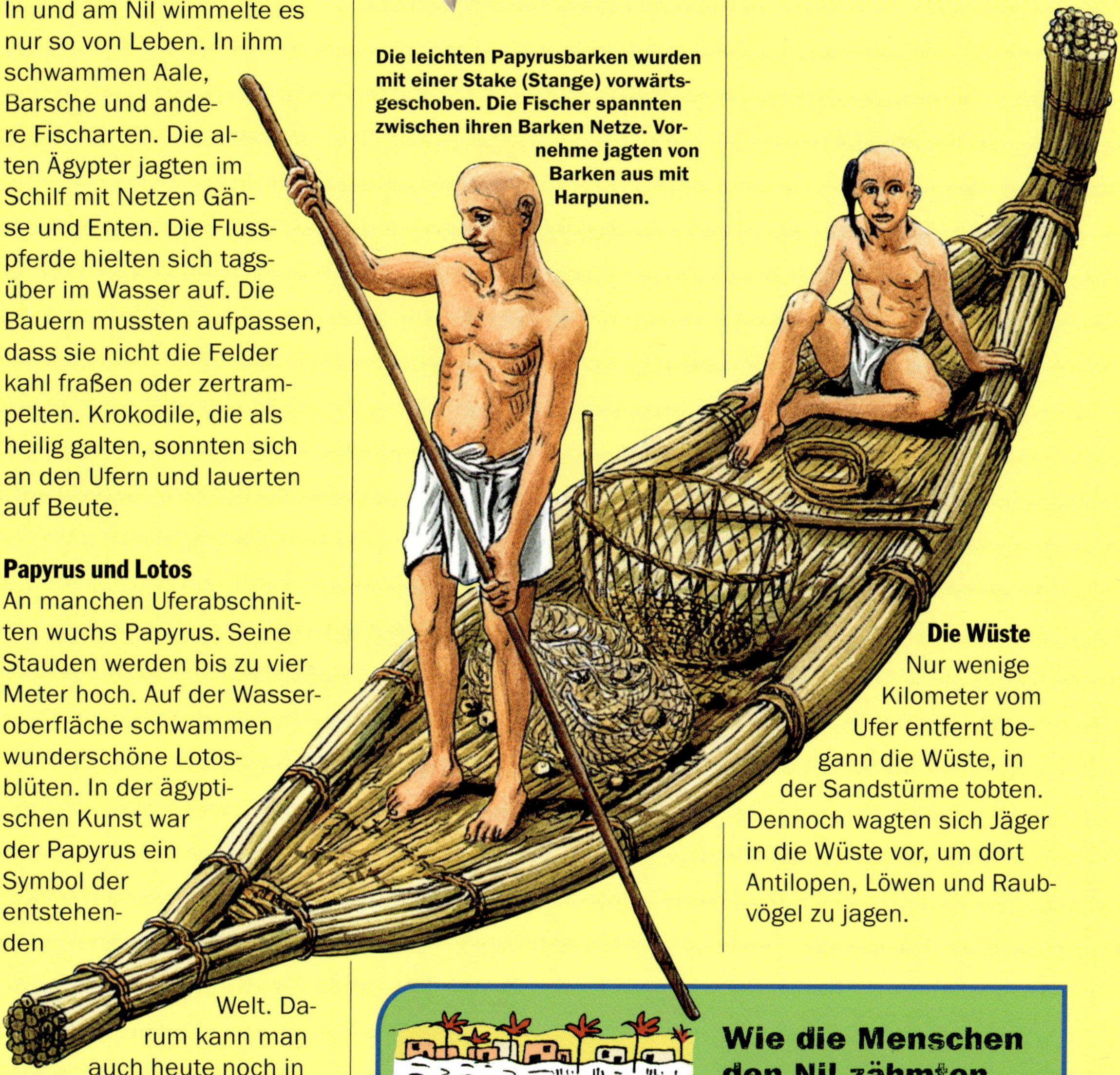

Die Wüste
Nur wenige Kilometer vom Ufer entfernt begann die Wüste, in der Sandstürme tobten. Dennoch wagten sich Jäger in die Wüste vor, um dort Antilopen, Löwen und Raubvögel zu jagen.

Wie die Menschen den Nil zähmten

Jahrtausende forderten die Überschwemmungen des Nils zahllose Menschenleben. Der 1964 fertiggestellte Assuanstaudamm verhindert die alljährliche Überschwemmung. Er liefert Strom und beugt Dürren vor. Da die Ufer nicht mehr vom fruchtbaren Schlamm überzogen werden, haben leider viele Tierarten den Fluss verlassen.

Leben am Nilufer

So sahen der Nil und seine grünen Ufer zur Zeit der alten Ägypter aus. Die Menschen legten Becken und künstliche Kanäle an und leiteten Schlamm und Flusswasser gezielt zu den Feldern und Gärten.

1 Der Nil
Mit seinen 6600 km ist der Nil der längste Fluss der Welt. Er fließt von Süden nach Norden und mündet ins Mittelmeer. In seinem Mündungsgebiet, dem Delta, verzweigt er sich stark.

2 Natürliches Becken
Es wird seit Urzeiten vom Fluss gespeist und ist groß genug, um schiffbar zu sein.

3 Natürlicher Kanal
Die Bauern reinigten ihn, wenn er von Schlick und Schlamm verstopft war.

4 Kleiner Kanal
Er wurde künstlich angelegt. Sein Wasserstand wurde durch eine Schleuse aus Holz geregelt.

5 Dorf
Es lag auf einer Anhöhe, damit es nicht überschwemmt wurde.

6 Shaduf
Dieses Gerät bestand aus einem Gestell mit beweglicher Querstange, einem Gegengewicht und einem Seil. Man schöpfte damit Wasser für Felder und Gärten.

7 Getreidefeld
Wie alle Felder wurde es durch die Nilflut bewässert. Weizen war das meistangebaute Getreide.

8 Gerstenfeld
Aus Gerste wurde Bier gebraut, das Lieblingsgetränk der Ägypter.

9 Flachsfeld
Aus den Fasern des Flaches (Leinpflanze) stellte man Leinen her.

10 Gemüsegarten
Die Frauen bauten in ihren Gärten Kohl, Zwiebeln, Gurken, Salatsorten, Lauch und Bohnen an und gossen sie mit Nilwasser.

11 Dattelpalmen
Dattelpalmen waren sehr nützliche Bäume. Ihre Stämme dienten als Bauholz, die Wedel verwendete man als Brennstoff oder stellte daraus Matten her.

12 Sumpf
Er war ein artenreicher Lebensraum, in dem es Reiher, Flamingos, Enten, Krokodile und Flusspferde gab. Im Dickicht der Papyrusstauden jagten die Ägypter Vögel.

13 Esel
Esel waren wichtige Lasttiere und trugen Säcke mit Getreide oder Gemüse.

14 Ton
Aus dem Ton der Nilufer wurden Töpferwaren hergestellt.

Der Pharao, ein allmächtiger Herrscher

Um 3200 v. Chr. wurde Ägypten geeint. Fürsten aus dem Süden eroberten das Nildelta im Norden. Sie nahmen den Titel des Pharaos oder Herrschers an. Der erste Pharao hieß Narmer. Im Laufe von 3000 Jahren folgten 400 Herrscher einander auf den Thron.

Der Pharao, ein Gott auf Erden

Die alten Ägypter sahen ihren Pharao als Sohn der Götter an. Seine Macht beruhte auf dieser gottgleichen Stellung und war grenzenlos. Er war das religiöse Oberhaupt und Vermittler zwischen den Göttern und den Menschen. Zusammen mit seiner Familie und seinem Hofstaat lebte der Pharao in einem Palast am Nil. Die Hauptstädte des alten Ägyptens waren nacheinander Memphis, Theben und Pi-Ramses.

Messer vom Djebel el-Arak
Der Griff dieses Messers wurde vor über 5000 Jahren geschnitzt. Diese Seite zeigt eine Schlacht zu Wasser und zu Lande.

Der Herrscher über Ägypten

Der Pharao war sehr mächtig. Er regierte das Reich und war alleiniger Eigentümer des Landes mit all seinen Feldern, Bergwerken und Steinbrüchen. Er befehligte die Armee und wachte über den Handel. Er war Herr über Leben und Tod seiner Untertanen, die sich zum Zeichen ihrer Demut vor ihm auf den Boden werfen mussten. Die Bauern waren verpflichtet, zu bestimmten Zeiten für den Pharao zu arbeiten.

Die Frau des Pharaos

Ein Pharao konnte mehrere Ehefrauen haben. Seine Hauptfrau wurde »Große königliche Gemahlin« genannt und als Göttin angesehen.

Pharao Chephren
Chephren regierte von 2558 bis 2532 v. Chr. Seine 143 m hohe Pyramide ließ er neben der seines Vaters Cheops erbauen.

Die Verwaltung des Reichs

Der Pharao hatte auch Pflichten. Er war der Diplomat, der über Krieg und Frieden zu entscheiden hatte. Er war Heerführer und erließ die Gesetze. Er musste die »maat«, die Ordnung, in seinem Reich aufrechterhalten. Ihm standen Tausende von Männern als Beamte zur Seite. Sie verwalteten das Land und seine Bewohner. Höchster Beamter war der Wesir. Er sorgte dafür, dass die Beschlüsse des Pharaos ausgeführt wurden, und hielt ihn über die Ereignisse im Reich auf dem Laufenden.

Die Krone des Pharaos

❶ Am Tag seiner Krönung setzte der Pharao nacheinander diese beiden Kronen auf. Sie waren Symbole der Herrschaft über Ober- und Unterägypten.

❷ Danach trug er immer beide, zum Zeichen der Einheit Ägyptens.

Der Alltag des Pharaos

Der Pharao verbrachte einen großen Teil des Tages mit Regierungsaufgaben. Er befasste sich mit den Berichten des Wesirs, der Schreiber und der Generäle. Er besuchte die Bauplätze von Tempeln und seines Grabmals und empfing Botschafter. Häufig fanden zu deren Ehren Festmähler statt. In seiner Freizeit jagte er in der Wüste.

Die Kleidung des Pharaos

Halsschmuck der Tochter des Pharaos Amenemhet III.

Die Pyramiden, die Grabmäler der Pharaonen

Zwischen 2675 und 2200 v. Chr. errichteten ägyptische Baumeister Pyramiden. Die Pyramiden sind die Grabmäler der Pharaonen und machten die Herrscher über Ägypten für alle Zeit unsterblich.

Die älteste Steinpyramide in Sakkara

Die Sphinx von Gizeh
Die in den Kalkstein gehauene Statue mit einem Menschenkopf und dem Körper eines Löwen stellt Pharao Chephren in göttlicher Gestalt dar.

Die ersten Pyramiden

Die älteste Pyramide ist das Grabmal des Pharaos Djoser. Sie wurde vor fast 5000 Jahren in Sakkara erbaut und war das erste Grabmal aus Stein. Die Stufen an ihren Seiten symbolisieren den Aufstieg des Pharaos in den Himmel, den Wohnort der Götter. Djosers Nachfolger ließen sich ebenfalls Pyramiden errichten und ihre Baumeister verbesserten die Konstruktion. Ihre Grabmäler bekamen eine quadratische Basis, eine Spitze und glatte Seiten.

Die berühmtesten Pyramiden

Am bekanntesten sind die Pyramiden des Pharaos Cheops, seines Sohns Chephren und seines Enkels Menkaure. Fern von den Überschwemmungsgebieten stehen sie auf einer Hochebene in der Wüste jenseits des Westufers, des Ufers der Toten. Hier liegt Gizeh, heute ein Vorort von Kairo. Diese Pyramiden sind das einzige der sieben antiken Weltwunder, das bis heute überdauert hat.

Das weltgrößte Bauwerk aus Stein

Die Cheops-Pyramide ist 146 m hoch – das entspricht der Länge von drei Fußballfeldern. Sie wurde aus 2,5 Millionen Steinblöcken erbaut.

Die Pyramide, ein riesiger Kuchen

Das Wort »Pyramide« ist vom griechischen »pyramis« abgeleitet, der Bezeichnung für einen Kuchen aus Mehl und Honig. Offenbar fühlten sich die Griechen durch die ägyptischen Grabmäler an ein Gebäck erinnert. Ursprünglich wurde auf die Spitze einer Pyramide eine goldene Kappe gesteckt, die in der Sonne glänzte. Eine schöne Verzierung für einen »Kuchen«.

Die Vorbereitungen

Bevor mit dem Bau einer Pyramide begonnen wurde, beobachteten die Astronomen den Himmel und bestimmten die Ausrichtung des Bauwerks nach den vier Himmelsrichtungen. Dann wurde der Boden planiert und der quadratische Grundriss markiert. Erst danach konnten die Arbeiter mit dem Bau beginnen.

Die Arbeiter

Tausende von Männern arbeiteten ungefähr 20 Jahre lang an der Cheops-Pyramide. Die meisten von ihnen waren Bauern, keine Sklaven. Ihnen standen keinerlei Maschinen und nur sehr einfache Werkzeuge zur Verfügung. Manche schnitten Steinblöcke zu, andere zogen sie auf Schlitten zum Bauplatz. Um die Mauern hochzuziehen, bauten die Arbeiter Rampen und Podeste aus Lehmziegeln.

Im Herzen der Pyramide

Im Inneren des Grabmals war eine Kammer. Hier fand der Pharao seine letzte Ruhe.

Grabräuber

Die Pyramiden wurden bereits in der Antike geplündert und keine einzige Mumie blieb erhalten. Die meisten wertvollen Grabbeigaben sind verschollen. In anderen Grabmälern aber wurden die Archäologen fündig. Die Pyramiden der Königinnen, die Gräber im Tal der Könige und die »Mastabas« genannten Gräber der Vornehmen wurden nicht ausgeraubt. Auch in Deir el-Bahari fand man gut erhaltene Mumien.

Die Cheops-Pyramide

❶ Ein überdachter Weg führte zum Totentempel.
❷ Im Totentempel wurden Wasser und Lebensmittel als Proviant für die Reise des Toten ins Jenseits gelagert.
❸ Ein Korridor führte hinunter zur Grabkammer.
❹ Die Grabkammer wurde bereits in der Antike geplündert.
❺ Die Grabkammer der Königin
❻ In dieser Grube entdeckte man 1954 die Totenbarke des Pharaos Cheops. Inzwischen wurde sie vollständig restauriert.
❼ Gruben in Form von Booten

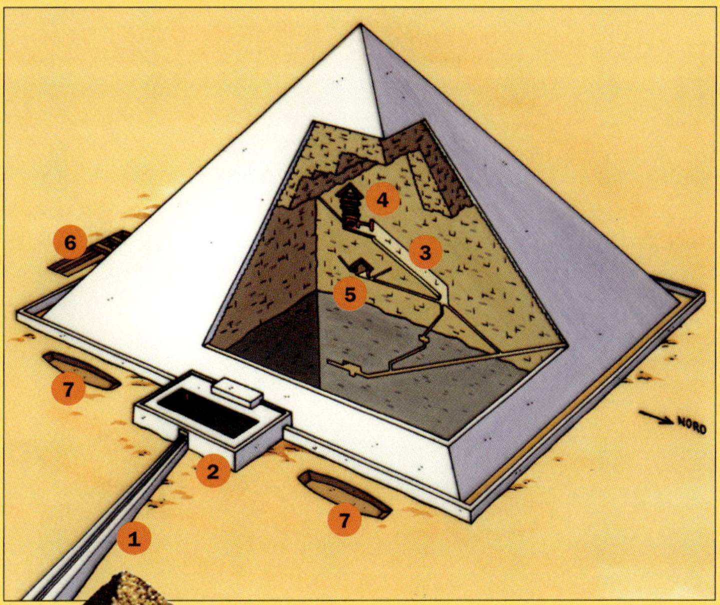

Die Pyramiden von Cheops, Chephren und Menkaure

Die Schreiber, geachtete Beamte

Die Schreiber waren Beamte und halfen dem Pharao, sein Reich zu verwalten. Sie konnten lesen, schreiben und rechnen. Im alten Ägypten war die Mehrzahl der Menschen Analphabeten, darum wurden die Schreiber hoch geachtet.

Die Schüler
Die zukünftigen Schreiber und Priester wurden in den Schulen der Tempel und des königlichen Palastes ausgebildet. Nur Jungen durften diese Schulen ab dem fünften oder sechsten Lebensjahr besuchen. Sie alle stammten aus vornehmen Familien und waren die Söhne von Verwandten des Königs, hohen Beamten oder Schreibern.

Strenge Lehrer

Auch im alten Ägypten hatten es die Schüler nicht leicht. Sie mussten lange lernen, um das Schreiben und Lesen zu beherrschen. Ihre Lehrer ließen ihnen nichts durchgehen. Sie sagten: »Die Ohren eines Knaben sind auf seinem Rücken. Er hört nur dem zu, der ihn mit dem Stock schlägt.« Schlechte Schüler erhielten Prügel. Manche wurden sogar eingesperrt!

Der Unterricht
Die Schüler lernten die Schrift durch Abschreiben und Diktate. Außerdem gab es Übungen für das Gedächtnis. Sie schrieben auf flache Steine oder »ostraka« genannte Tonscherben. Manche Schüler hatten Tafeln, die sie mit einem feuchten Lappen abwischten. Sie schrieben nicht auf Papyrusrollen, denn diese waren viel zu kostbar, um für Übungen verwendet zu werden. Nach Abschluss ihrer Ausbildung wurden sie Schreiber und zu Beamten ernannt.

Wer waren die Schreiber?
Schreiber waren wichtige Leute, denn sie zogen die Abgaben ein und machten die Bestandsaufnahme der Ernten und der Herden. Sie schrieben Gesetzestexte ab, arbeiteten in Tempeln oder bei reichen Familien, denen sie bei der Verwaltung ihrer Güter halfen. Sie gehörten zu einer höheren Klasse und waren stolz auf ihren Beruf und ihren hohen gesellschaftlichen Rang.

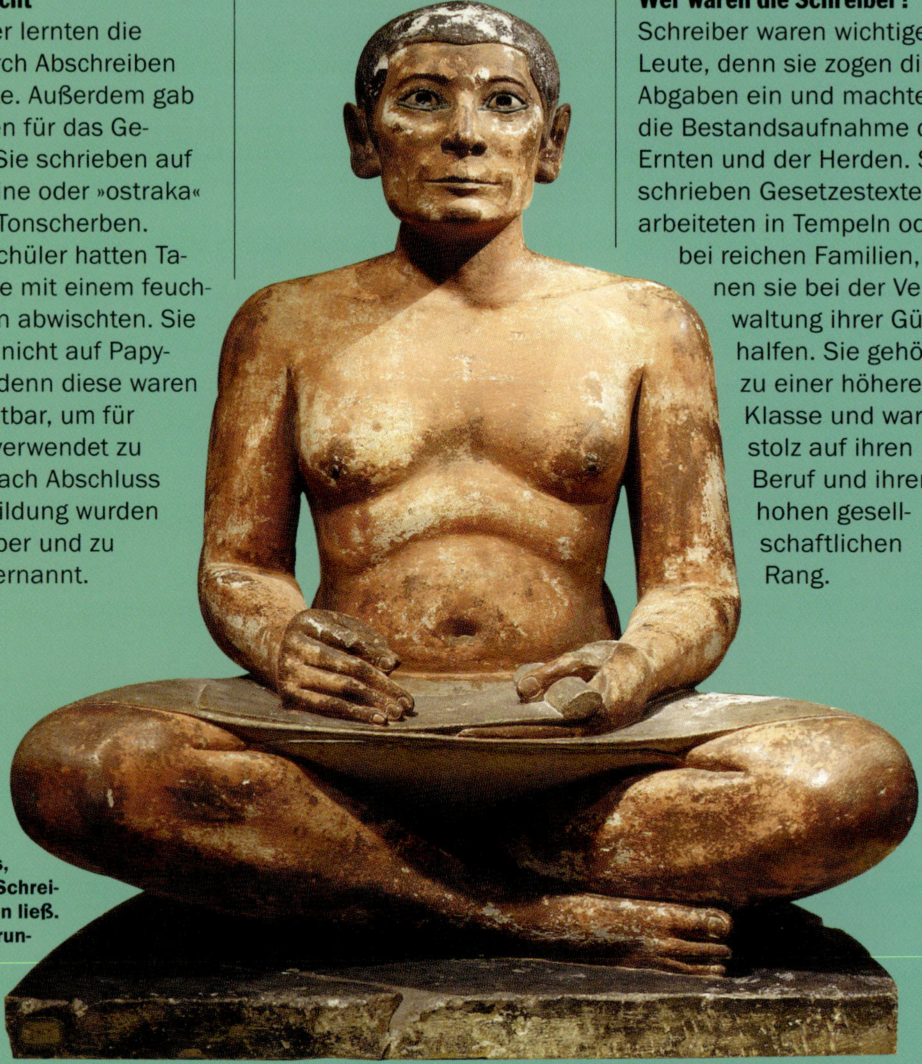

Dies ist das Porträt eines vornehmen Mannes, der sich als Schreiber darstellen ließ. Sein wohlgerundeter Bauch zeigt an, dass er keinen Hunger litt.

Dieser Schreiber verwendet eine Rohrfeder.

Die Schreiber des Pharaos

Es gab zahlreiche königliche Schreiber. Unter allen »Sekretären« des Reiches hatten sie den höchsten Rang. Sie berieten den Pharao und organisierten sein Leben im Palast. Zu ihren Aufgaben gehörte auch, die Lebensgeschichte des Herrschers aufzuschreiben. Unter anderem berichteten sie von seinen Eroberungen und von der Beute und den Gefangenen, die er machte.

Papierherstellung

❶ Die Ägypter stellten ihr Papier aus Papyrus her. Da die Herstellung sehr teuer war, verwendeten die Schreiber Papier nur für wichtige Texte.

❷ Die Papyrusstängel wurden der Länge nach in dünne Streifen geschnitten und abwechselnd längs und quer übereinandergeschichtet.

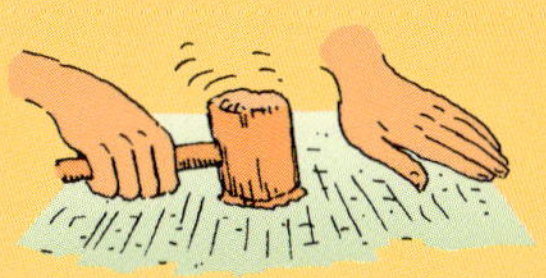

❸ Mit einem Holzhammer wurden die Stängelstreifen so lange geklopft, bis sie sich zu einem Blatt verbanden. Nach dem Pressen und Trocknen war das Papier fertig.

Um eine Papyrusrolle zu fertigen, klebten die Schreiber die Blätter aneinander.

❹ In die Vertiefungen eines Holzbretts wurden rote und schwarze Tinte gegossen.

❺ Die Rohrfeder war ein schräg abgeschnittener Papyrusstängel. Kaute man die Spitze flach, erhielt man einen Pinsel.

Eine Schule im Tempel

Nur die Schüler, die in einem Tempel unterrichtet wurden, erlernten die Hieroglyphen, die heiligen Zeichen.

Die Hieroglyphen, eine heilige Schrift

Die Hieroglyphen sind die ältesten ägyptischen Schriftzeichen. Sie traten erstmals 3300 v. Chr. auf. Die alten Ägypter glaubten, ihr Gott Thot habe sie erfunden. Um 400 v. Chr. geriet die Bedeutung der Hieroglyphen in Vergessenheit. Erst 17 Jahrhunderte später wurden sie wieder entschlüsselt.

Was bedeutet das Wort »Hieroglyphen«?
Diese Bezeichnung stammt aus dem Griechischen und bedeutet »heilige Schriftzeichen«. Den alten Griechen fiel auf, dass diese Symbole Pyramiden, Tempelmauern und Grabkammern schmückten. Also Gebäude die mit der Religion der Ägypter zu tun hatten. Ohne sie zu entschlüsseln, nahmen die Griechen an, dass es sich dabei um religiöse oder magische Texte handelte. Nach der altägyptischen Überlieferung hat Thot, der Gott der Weisheit, die Hieroglyphen geschaffen. Die Ägypter nannten sie daher »Gottesworte«.

Eine Bilderschrift
Die Hieroglyphen sind wie Zeichnungen, die die Welt der alten Ägypter abbilden. Es gibt Menschen, Gebäude, Tiere und Pflanzen. Jedes Bildzeichen steht für ein Wort, einen Laut oder ein Gefühl. Das Bild eines geblähten Segels etwa bedeutet »Wind«. Geschrieben wurde in Spalten oder Zeilen von oben nach unten. Das nach links oder rechts gewandte Bild eines Menschen oder eines Tiers zeigt die Leserichtung an.

Der Stein von Rosette
Dieser Stein wurde 1799 während Napoleons Expedition nach Ägypten entdeckt. In ihn sind Texte in drei Schriften eingeritzt.

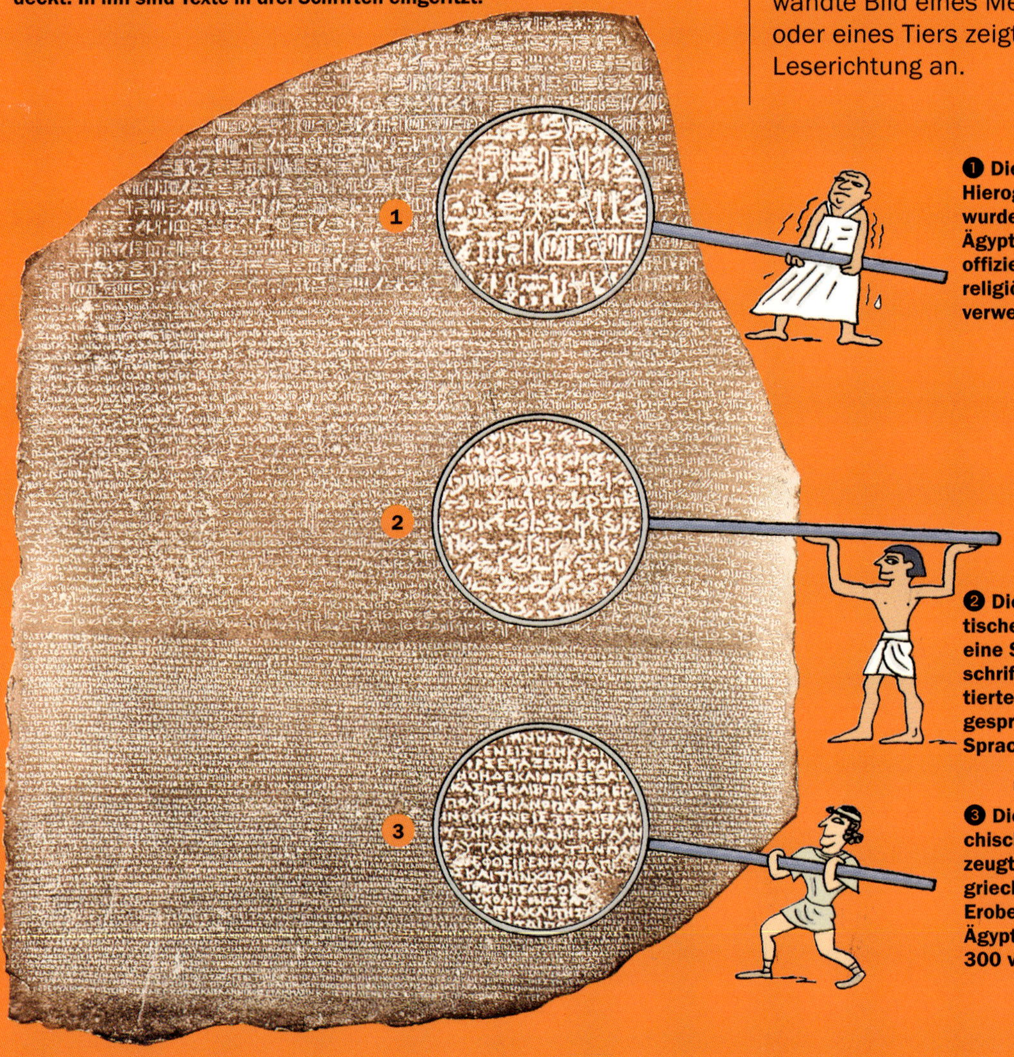

❶ Die Hieroglyphen wurden von den Ägyptern für offizielle und religiöse Texte verwendet.

❷ Die demotische Schrift ist eine Schreibschrift. Sie orientierte sich an der gesprochenen Sprache.

❸ Die griechische Schrift zeugt von der griechischen Eroberung Ägyptens nach 300 v. Chr.

Die Entwicklung der Schrift
Neben den Hieroglyphen verwendeten die Ägypter auch eine weniger komplizierte Schrift, die hieratische Schrift, bei der die Bildzeichen stark vereinfacht und miteinander verbunden waren. Da sie sich schneller schreiben ließ, sparten die Schreiber Zeit. Um 650 v. Chr. setzte sich eine noch stärker vereinfachte Schrift durch, die demotische Schrift.

Die ägyptische Literatur
Ungefähr um 2200 v. Chr. entstand eine regelrechte Literatur. Texte über das richtige Verhalten in der Familie wurden geschrieben, aber auch Erzählungen, in denen sich alles um Ungeheuer und Zauberer drehte. In dieser Literatur nahmen die Sagen und Legenden einen wichtigen Platz ein.

Immer mehr Hieroglyphen
Ägyptologen errechneten, dass die Zahl der Hieroglyphen in der Zeit der Ptolemäer von ursprünglich 700 auf 6000 anwuchs. Sie fanden auch heraus, warum: Die Priester spielten mit den Bildzeichen und erfanden immer neue.

Die Hieroglyphen
Zuerst schnitzte der Künstler die Zeichen in das Holz, dann füllte er die Hohlräume mit bunter Glaspaste. Die Farbwahl war vorgegeben, denn jede Farbe hatte ihre besondere Bedeutung.

❶ Dieser Vogel steht für den Buchstaben W.
❷ Die Schleiereule steht für den Buchstaben M.
❸ Der Wasserlauf steht für den Buchstaben N.
❹ Dieses Zeichen entspricht dem H.
❺ Dieses Zeichen bedeutet »Mensch«.
❻ Diese Hieroglyphe steht für »Mund«.

Champollion, der Entschlüssler der Hieroglyphen

Der Franzose Jean-François Champollion entdeckte den Schlüssel zu den Hieroglyphen. Auf dem Stein von Rosette las er den Namen von Ptolemäus, König von Ägypten, der in griechischen Buchstaben geschrieben war. Dann erkannte er ihn in Hieroglyphen geschrieben. Indem er die beiden Schriften verglich, gelang es ihm nach und nach, andere Hieroglyphen zu entziffern. Nach Jahren harter Arbeit starb er 1832 an Erschöpfung.

Bauern und Handwerker

Der Aufbau der ägyptischen Gesellschaft erinnert an eine Pyramide. Die Spitze bildete der Pharao. Unter ihm kamen die Priester, die militärischen Befehlshaber und Beamten. Die Basis und zugleich größte Gruppe bildeten die Bauern und Handwerker, das Volk.

Bauern am Nil
Die Mehrheit der Ägypter waren Bauern. Einen großen Teil der Ernten mussten sie jedes Jahr den Steuereintreibern des Pharaos, den Tempeln und Großgrundbesitzern überlassen. Die Arbeit auf den Feldern war hart. Immer wieder forderten Hungersnöte und Krankheiten viele Menschenleben.

Die Hirten
Die Tempel, die vornehmen Familien und die Pharaonen besaßen riesige Tierherden. In ihrem Auftrag hüteten Bauern die Rinder, Schafe, Schweine und Ziegen. Schreiber kontrollierten regelmäßig die Herden und notierten die Anzahl der Tiere.

Die Arbeiter
Die meisten Arbeiter auf den großen Baustellen waren freie Männer. Sie transportierten das Baumaterial und stellten aus Nilschlamm Ziegel her. Manche höhergestellten Arbeiter streikten sogar, wenn sie mit den Arbeitsbedingungen nicht einverstanden waren.

Ackerbau am Nilufer
Diese Wandmalerei aus einem Grab stellt die Feldarbeit dar. Dadurch sollte der Verstorbene mit den Lebenden in Verbindung bleiben und den Ablauf der Arbeiten durch das Jahr verfolgen können.

Ein vornehmes ägyptisches Ehepaar sitzt am Westufer des Nils, dem Ufer der Toten. Die Götter Re, Osiris und Ptah empfangen sie.

Ein Bauer schneidet mit einer Sichel Weizen. Das Stroh lässt er als Viehfutter liegen. Seine Frau sammelt die Ähren auf.

Kanalsystem

Diese Frau bindet den vom Bauern geernteten Flachs zu Garben.

Diese Frau sät Getreide aus.

Mit einem Rindergespann pflügt dieser Bauer sein Feld.

Bäume des Niltals: Dattelpalmen, Feigenbäume und Doumpalmen

Pflanzen des Niltals: Mohn, Kornblumen und gelbe Alraunen

Berufe

Während des Neuen Reichs lebten in den Städten viele Handwerker. Sie standen als freie Männer im Dienst des Pharaos, eines Tempels oder eines hohen Beamten. Die Gerber stellten Sandalen und Taschen her. Die Töpfer machten Geschirr, Amulette und Tonfiguren. Außerdem gab es Maler, Bildhauer, Schreiner und Glasbläser. Leinen wurde in erster Linie von den Frauen zu Hause gewebt.

Goldschmiede

Die meisten Gold- und Schmuckschmieden befanden sich im Besitz des Pharaos oder der Tempel. In ihnen bearbeiteten die Schmiede neben Gold auch Elektron, eine natürliche Verbindung von Gold und Silber. Neben Schmuck fertigten sie Geschirr, Totenmasken und sogar Sarkophage. Andere Schmiede stellten aus Bronze Waffen, Werkzeug und andere Gebrauchsgegenstände her.

Versklavte Kriegsgefangene

In der Zeit des Neuen Reichs wuchs in Ägypten die Zahl der Sklaven. Diese Männer und Frauen waren in Nubien, Syrien oder Palästina gefangen genommen worden. Sie arbeiteten in der Landwirtschaft oder als Diener in Palästen und Tempeln. Andere wurden zur Arbeit in den Bergwerken, Steinbrüchen oder an den großen Bauprojekten des Pharaos gezwungen und häufig von den Vorarbeitern ausgepeitscht.

In einer königlichen Schmiede

❶ Ein Mann schürt die Glut.
❷ Zwei Arbeiter betätigen mit den Füßen Blasebälge. Damit das Metall schmilzt, muss das Feuer auf etwa 1000 °C erhitzt werden.
❸ Schmiede nehmen eine Gussform mit flüssigem Metall aus dem Feuer.

Das ägyptische Haus

Ebenso wie der königliche Palast waren auch die Häuser der einfachen Leute aus Lehmziegeln. Hier sieht man, wie die Menschen darin lebten.

Die Häuser standen dicht an dicht.

❶ Der Eingangsbereich
Hier wurden die Gäste empfangen. Der Fußboden war aus gestampftem Lehm. Die Lehmziegelwände waren mit Kalk bestrichen, damit man mit einem Blick die Skorpione sah, die versuchten, ins Haus zu kriechen. Die kleinen Fenster trugen dazu bei, dass es innen nicht so heiß wurde. Ein Loch im Dach ließ Licht und Luft herein. Teilweise wurde der Esel der Familie im Eingangsbereich untergebracht.

❷ Das Schlafzimmer
Die Stufen führten in ein winziges Schlafzimmer, in dem ein Holzbett mit einem Rahmen aus geflochtenen Zweigen stehen konnte.

❸ Das Wohnzimmer
Dies war der Hauptraum, in dem die Familie ihre Mahlzeiten einnahm. Nachts rollte man hier die Schlafmatten aus. Anstelle von Kissen verwendete man Kopfstützen.

❺ Ein zusätzliches Zimmer
Hier bewahrte die Familie Kleidung, Krüge und Körbe auf. Vermutlich webten und nähten die Frauen hier. Das Zimmer konnte aber auch als zusätzliches Wohn- oder Schlafzimmer genutzt werden.

❻ Die Terrasse
Dächer aus Palmwedeln sorgten für Schatten. Wenn es draußen nicht zu heiß war, konnte man hier sitzen oder in milden Nächten auch schlafen.

❼ Die Küche
Der letzte Raum in der Reihe. Hier wurden die Mahlzeiten zubereitet. Im glockenförmigen Ofen backte man Brot und Kuchen. Krüge und Amphoren aus Ton enthielten Wasser, Öl und Bier.

❹ Der Keller
Im Keller unter dem Haus war es kühl. Hier lagerten Vorräte, Krüge mit Wasser und Bier, Werkzeug und vieles mehr.

Die Möbel

Das Haus war sehr einfach eingerichtet. Möbel und Behältnisse waren aus Holz und Pflanzenfasern. Bauern und Handwerker flochten aus Papyrus und aus Ranken und Zweigen anderer Pflanzen Matten, Körbe und Hocker.

Kleidung und Körperpflege

Männer, Frauen und Kinder waren wegen des heißen Klimas in leichte, schlichte Sachen gekleidet. Alle trugen Weiß. Die Kleidung verriet die gesellschaftliche Stellung: Feines oder grobes Leinen, einfacher oder kostbarer Schmuck und die Frisur stellten klar, wer man war.

Wie kleideten sich die Ägypter
Alle trugen gewebtes Leinen. Frauen zogen figurbetonte Kleider mit Trägern und Fransen mit oder ohne Gürtel an. Teilweise hüllten sie sich auch in ein großes Stück Stoff und verknoteten die Enden vor der Brust. Männer zogen sich manchmal ein Hemd über, trugen aber meist nur einen einfachen kurzen Lendenschurz. Gegen 1400 v. Chr. brachten Prinzen und Prinzessinnen eine neue Mode auf: lange Faltenkleider und Schurze.

Armreif aus Gold mit eingearbeitetem Lapislazuli und rotem Karneol.

Schmuck aus Ton und Gold
Die alten Ägypter trugen gerne Schmuck: Halsketten, Armreifen, Ohrringe, Ringe für Finger und Zehen. Doch für eine einfache Bäuerin war schon eine Perle aus bemaltem Ton eine Kostbarkeit.

Die Hauptfrau des Pharaos zeigte sich bei offiziellen Anlässen mit einem Diadem. Armreifen aus Gold mit wertvollen Steinen klirrten an ihren Handgelenken. Manche Ketten waren so schwer, dass man sie mit einem Gegengewicht auf dem Rücken trug.

Schützende Amulette
Bestimmten Schmuckstücken schrieb man eine schützende Wirkung zu. Die alten Ägypter trugen sie am Hals oder nahe dem Herzen, zwei empfindlichen Stellen des Körpers. Amulette aus bemaltem Ton schützten ihre Träger vor allerlei Gefahren. Sie stellten Gottheiten oder Tiere dar. Für besonders wirksam hielt man das Horusauge, das vor Unfällen und dem »bösen Blick« schützen sollte, und das Lebenszeichen Ankh.

Die Kleidung der Ägypter war schlicht und gepflegt.

Ankh, das Symbol des Lebens

Das Udjat-Auge ist das schützende Auge des Gottes Horus.

Amulett in Form eines Herzens

Das Zeichen in Form der Wirbelsäule ist das Zeichen des Gottes Osiris.

In Truhen wie dieser wurden Wäsche, Kosmetik und gelegentlich auch ein Spiegel aufbewahrt. Spiegel waren wichtig. Frauen benutzten sie beim Schminken und Männer beim Rasieren, wenn sie nicht zum Barbier gingen.

Parfüms und Make-up

Männer, Frauen und Kinder machten sich mit Khol genannter schwarzer Schminke Lidstriche. Wenn sie das Haus verließen, nahmen sie kleine geflochtene Behälter mit, ihre »Schminkköfferchen«. In den Gräbern fanden sich Parfümflakons, Behälter mit Cremes, Duftwässerchen und Pomaden in großer Zahl. Teilweise ist die Zusammensetzung dieser Kosmetika bis heute unerforscht.

Körperpflege

Wenn sie in bescheidenen Verhältnissen lebten, wuschen sich die Familien, indem sie sich der Reihe nach mit Wasser begossen. Reiche Leute dagegen besaßen ein Badezimmer. Da sie keine Seife kannten, rieben sie Schmutz und Schweiß mit Sand oder Asche ab. Diener wuschen ihnen die Haare und massierten ihnen den Kopf mit Öl. Männer wie Frauen entfernten sämtliche Körperbehaarung. Dies galt als schön und half, sich vor Ungeziefer zu schützen.

Die Ägypter verbrachten viel Zeit mit Körperpflege.

Haarmoden

Männer ließen sich den Schädel rasieren oder die Haare sehr kurz schneiden. Die Frauen flochten sich viele schmale Zöpfe. Kindern wurde der Kopf rasiert. Nur eine dicke Strähne wurde stehen gelassen und geflochten. Beliebt war es, eine Perücke zu tragen. Männer bevorzugten kurze, runde Perücken. Frauen rieben sich ihren Kopf mit Bienenwachs ein, damit ihnen ihre Haarteile nicht vom Kopf rutschten.

Die Mahlzeiten der Ägypter

Um zu erfahren, was die alten Ägypter aßen, genügt es, sich die Wandmalereien der Gräber und die Grabbeigaben anzuschauen. Ihre Ernährung muss sehr abwechslungsreich gewesen sein. Der Tisch des Pharaos war immer reich gedeckt, das Essen der Bauern war einfacher.

Zubereitung von Geflügel

Gänse, Enten und Tauben standen regelmäßig auf dem Speiseplan des Pharaos. Die Bauern aßen sie nur an Festtagen.

1 Mit dem Messer zerlegt dieser Mann einen Vogel.

2 Die Federn werden einzeln ausgerupft.

3 Das ausgenommene und gerupfte Geflügel wird in Krügen aufbewahrt.

Brot und Fladen

Hauptnahrungsmittel der Ägypter waren Brotlaibe und Fladen. Im Königspalast wurden sie von Bäckern hergestellt. Bei einfachen Leuten backten die Frauen sie aus Weizen- oder Gerstenmehl. Die Brotlaibe konnten dreieckig, rund oder zum Kranz geflochten sein. Manchmal mischte man Sesam oder Früchte in den Teig.

Arbeiter und Arbeiterinnen in einer Bäckerei beim Brotbacken

Fleisch und Fisch

An den Grabwänden wurde häufig das Zerlegen von Fleisch dargestellt. Doch nur die Reichen konnten regelmäßig Fleisch essen. Sie ließen es sich grillen oder am Spieß braten. Beliebt waren Rind-, Schafs- und Schweinefleisch. Die Reste vom Vortag wurden gerne mit Feigen, Datteln und Rosinen gegessen. An Feiertagen gab es Antilopen aus der Wüste, eine seltene Delikatesse. Die Bauern aßen zu Brot und Fladen Fisch oder das Fleisch wilder Enten und kleinerer Vögel, die sie in den Nilsümpfen gefangen hatten.

Frau mit Opfergaben
Diese kleine Statue sollte für einen Toten Lebensmittel tragen. Sie wurde ihm mit ins Grab gelegt und sollte dafür sorgen, dass es ihm im Jenseits an nichts fehlte.

»Wandmenüs«

An den Wänden der Gräber fanden Ägyptologen Listen von Opfergaben, die sie »Wandmenüs« nannten. Je reicher der Verstorbene zu Lebzeiten gewesen war, desto länger war die Liste der ihm beigelegten Lebensmittel, genug für drei reichhaltige Mahlzeiten am Tag. Wie die Ägypter ihr Essen zubereiteten, wissen wir allerdings nicht, da kein einziges Rezept erhalten blieb.

Obst und Gemüse

Das Essen der Arbeiter war sehr einfach. Es gab Brot, Zwiebeln und frische oder getrocknete Nilfische. Lauch, Salat, Linsen und Kichererbsen ergänzten diesen Speiseplan. Die Ägypter hatten außerdem eine Vorliebe für Wassermelonen, Weintrauben, Datteln und vor allem für Feigen. Wenn sie nichts zu essen hatten, kauten die armen Leute Papyruswurzeln, um das Hungergefühl zu vertreiben.

Honig und Gebäck

Die alten Ägypter glaubten, dass Bienen verwandelte Tränen des Gottes Re seien. Deshalb galt ihr Honig als Götterspeise. Da er sehr teuer war, süßten die Ägypter ihr Gebäck oft mit Datteln.

Bier und Wein

Die Ägypter brauten Bier und tranken es zu jeder Tageszeit. Auch Wein wussten sie zu schätzen. Es gab mehrere Sorten, darunter Wein aus dem Nildelta und mit Honig gesüßte Weine.

Die alten Ägypter nahmen ihre Mahlzeiten auf geflochtenen Matten ein. Sie aßen mit den Fingern aus Schüsseln.

Sport, Spiel und Musik

Die Ägypter feierten und amüsierten sich gerne. Sie spielten Harfe, schlugen Trommeln und tanzten. Außerdem liebten sie Kraft-, Geschicklichkeits- und Brettspiele.

Kinderspiele
Jungen maßen ihre Kräfte beim Wettlauf, fochten mit Stöcken und trugen Ringkämpfe aus. Die Mädchen spielten ein Spiel, bei dem ein Mädchen auf dem Rücken ihrer Teampartnerin saß und mit Lederbällen jonglierte. Die meisten Kinder trafen sich zum Spielen auf der Straße und gingen im Nil baden. Zu ihrer Unterhaltung spielten sie Flöte oder schlugen das Tamburin.

Haustiere
Die Kinder nahmen ihre Haustiere mit zum Spielen. Beliebteste Haustiere waren neben Hunden und Katzen Affen. Doch nur sehr reiche Familien konnten ihren Kindern einen Affen als Spielgefährten besorgen.

Das Schlangenspiel

Dies ist das älteste ägyptische Gesellschaftsspiel. Das Brett hat die Form einer aufgerollten Schlange. In der Mitte ist ihr Kopf, ihr Körper ist in Felder aufgeteilt. Anstatt Würfel warfen die Spieler Murmeln oder Stäbchen. Ihre Spielsteine hatten die Form von Hunden oder Löwen.

Kinder spielen am Nilufer.

Das Spiel der 58 Löcher
Es wurde auch »Hund-und-Schakal-Spiel« genannt und vor allem von Erwachsenen gespielt. Die Spieler steckten dabei Stäbchen in Löcher, diese waren mal Fallen und mal Felder. Eine frühe Form des »Mensch ärgere Dich nicht«!

Zeitvertreib junger Prinzen
Knaben aus vornehmen Familien begleiteten ihre Väter auf die Jagd in die Wüste und erlernten dort das Bogenschießen. Sie jagten vor allem Hasen und Antilopen und suchten nach Eiern und Straußenfedern, den schönsten »Jagdtrophäen« der Kinder.

Löwen galten als heilige Tiere, sie zu erlegen war dem Pharao vorbehalten.

Die Männer fingen auch lebende Tiere, um sie in Gehegen zu halten.

Und die Allerkleinsten?
Kleinkinder bekamen Tiere aus Ton oder Kreisel. Sie spielten auch mit beweglichen Tieren aus Holz. Da gab es Krokodile, die ihr Maul öffnen und schließen konnten, oder Pferde auf Rädern zum Nachziehen. Die Kinder aus ärmeren Familien mussten sich mit einfacheren und oft auch selbst gebastelten Spielsachen zufriedengeben. Sie spielten mit Puppen aus Lumpen oder hatten mit Kalk weiß angemalte Tonpuppen.

Das Senet-Spiel
Das bekannteste ägyptische Brettspiel wurde von zwei Spielern gespielt. Archäologen konnten die Regeln rekonstruieren. Auch der Pharao soll daran seinen Spaß gehabt haben.

Die Musik
Bei allen Festen im Palast und in den Tempeln erklang Musik. Die Musik nahm im alten Ägypten einen allgegenwärtigen Platz ein. Sie war nicht nur den reicheren Menschen vorbehalten, sondern allen Bevölkerungsschichten. Musik wurde bei Geburten gemacht, bei Banketten, Empfängen, einfachen Festen oder Veranstaltungen, bei religiösen Gegebenheiten und sogar bei sportlichen Ereignissen. Flöte, Laute, Lyra und vor allem die Harfe waren beliebte Instrumente. Männer schlugen Trommeln, und die Tänzerinnen klapperten mit Kastagnetten. Das Publikum klatschte dazu den Takt.

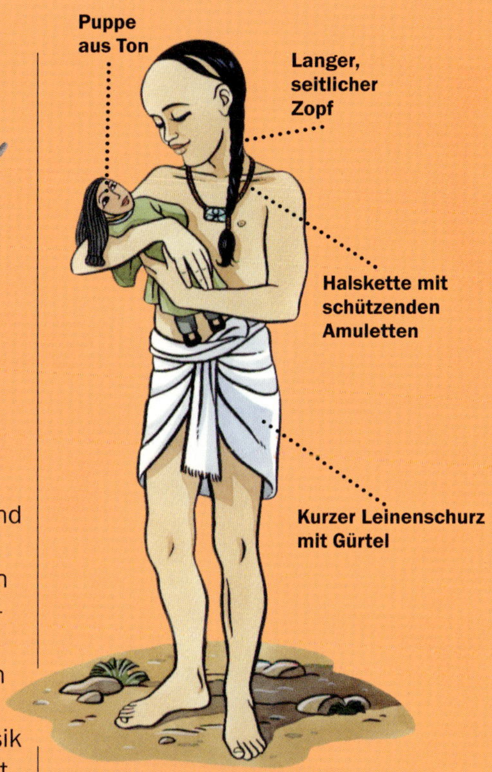

Ein ägyptisches Kind

Religiöse Feste
Ungefähr 100 Tage im Jahr waren bei den alten Ägyptern religiöse Feiertage. Bei diesen Anlässen zogen lange Prozessionen durch die Orte. Sie wurden von Musikern, Akrobaten und Sängern begleitet.

Bei Festen wurden Sänger und Tänzerinnen von Harfenmusik begleitet.

Ein Fest auf dem Nil
Das schönste Fest des Jahres dauerte zwölf Tage und fand zu Ehren des Gottes Amun, der Göttin Mut und ihres Sohnes Khonsu statt. Ihre Statuen wurden auf mit Gold verzierte Schiffe gestellt, die den Nil auf und ab fuhren.

Hunderte von Göttern

Jede Stadt und jede Region verehrten ihre eigenen Götter. Manche waren mächtiger als andere. Es gab auch Schutzgeister. Insgesamt waren es Hunderte von Gottheiten, die in der Vorstellung der Ägypter dafür sorgten, dass auf der Erde Harmonie herrschte.

Götter und Göttinnen

Die wichtigsten Gottheiten waren mit der Natur verbunden. Sie standen für die Elemente des Universums, z. B. für die Sonne oder für die einzelnen Abschnitte des Lebens, z. B. die Geburt. Andere Götter symbolisierten Gefühle. Oberste Gottheiten waren der Sonnengott Re, Horus und Amun, die Beschützer der Pharaonen. Osiris war der Gott der Toten, seine Gattin Isis die Göttin der Fruchtbarkeit, sie schützte die Familie. Jede Gottheit hatte ihren eigenen Tempel.

Eine ganz eigene Art der Tierliebe

Den alten Ägyptern waren bestimmte Tiere heilig. Katze, Stier, Krokodil, Kuh, Widder und Skarabäus wurden wie Götter verehrt. Nach ihrem Tod balsamierte man diese Tiere ein und setzte sie als Mumien bei. Archäologen fanden unter anderem einen »Friedhof«, auf dem Hunderte mumifizierter Ibisse begraben waren.

Mythen und Sagen

Die Ägypter kannten viele Mythen und Sagen. Viele handeln von ihren Göttern und deren Familien. Der bekannteste Mythos war der von Isis und ihrem Gatten Osiris. Darin kam alles vor, was in keiner guten Geschichte fehlen darf: Liebe, Intrigen, Mord, Geburt und ein glückliches Ende.

Karnak, der größte aller Tempel

Über 2000 Jahre lang ließen die Pharaonen diese gewaltige religiöse Stätte immer wieder vergrößern. Das nahe der Hauptstadt Theben gelegene Karnak war Amun-Re geweiht. Im Neuen Reich verband man Amun, den Gott von Theben, mit Re und machte ihn zum höchsten Gott.

Diese Säule ist Teil eines gewaltigen Tors. Sie ist über 30 m hoch.

Das Hypostylon ist eine von riesigen Säulen umstandene Halle.

Im heiligen See schwammen bei Zeremonien Schiffe.

Jeden Morgen vor Sonnenaufgang stiegen Priester die kleine Treppe hinunter, um sich im Wasser zu reinigen.

Als Symbol der Sonnenstrahlen hatte man die Spitze des Obelisken vergoldet.

Amun
In Verbindung mit Re war er der höchste ägyptische Gott. In seiner rechten Hand hält er das Symbol des Lebens.

Re
Dieser Gott mit Falkenkopf war der Sonnengott. Auf seinem Kopf trägt er die von einer Schlange umfangene Sonne.

Sekhmet
Die Löwengöttin war für Krankheiten verantwortlich. Gleichzeitig war sie die Schutzgöttin der Ärzte.

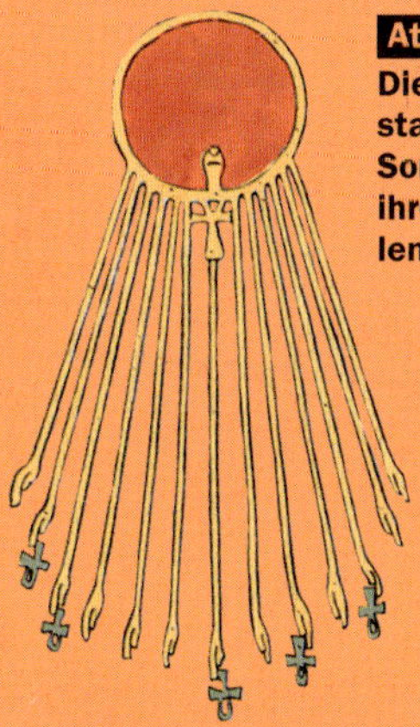

Aton
Dieser Gott stand für die Sonne und ihre Strahlen.

Osiris
Er war der Totengott. Hier hält er die Geißel und das Zepter, die königlichen Symbole.

Thot
Der Gott mit dem Ibiskopf war der Gott der Schrift und der Weisheit.

Die Verwandlungen der Götter

Die alten Ägypter stellten sich ihre Götter in Menschen- oder Tiergestalt vor, teilweise auch mit einem menschlichen Körper und dem Kopf eines Tieres. Die Göttin Hathor verwandelte sich häufig. Mal war sie eine Frau mit Kuhhörnern, mal hatte sie den Körper einer Kuh. Die Ägypter glaubten, dass die Götter sie durch ihre Verwandlungen überlisten wollten. Wenn die Menschen sie nicht eindeutig erkannten, konnten sie sie nicht durch Magie beherrschen oder beeinflussen.

Götter auf Erden

Götter wohnten im Himmel, aber dank ihrer Statuen konnten sie gleichzeitig auf der Erde sein. Um die Statuen der Götter zu ehren, ließen die Pharaonen Tempel bauen. Die Priester kümmerten sich um die Statuen und bedienten sie, als wären sie vornehme Menschen. Sie gaben ihnen zu essen, wuschen sie und zogen sie an.

Die Aufgaben der Priester

Der Pharao war der oberste Priester. Da er nicht überall gleichzeitig sein konnte, ernannte er Priester, die als seine Vertreter den Göttern dienten. Jeden Morgen reinigten sich die Priester durch rituelle Waschungen. Sie rasierten sich die Haare an Kopf und Körper und legten Leinengewänder an. Im Tempel begaben sie sich in eine Kapelle, in der die Statue des Gottes stand. Neben dem Pharao waren sie die Einzigen, die diesen heiligen Ort betreten durften. Sie weckten, wuschen und bekleideten die Statue, brachten ihr Speiseopfer und Weihrauch dar. Täglich gingen die Menschen zu den Tempeln und legten ihre Gaben vor den monumentalen Toren der Tempel ab.

Auf dem Wandbild in einem Grab empfangen die Gottheiten Hathor, Anubis, Isis und Horus den Toten in seiner letzten Bleibe.
❶ Hathor ist die Göttin der Liebe, der Musik und des Tanzes.
❷ Anubis ist der Schutzgott der Balsamierer.
❸ Isis ist die Göttin der Fruchtbarkeit und des Lebens.
❹ Der falkenköpfige Gott Horus ist der Beschützer der Pharaonen.

Das Leben im Palast von Theben

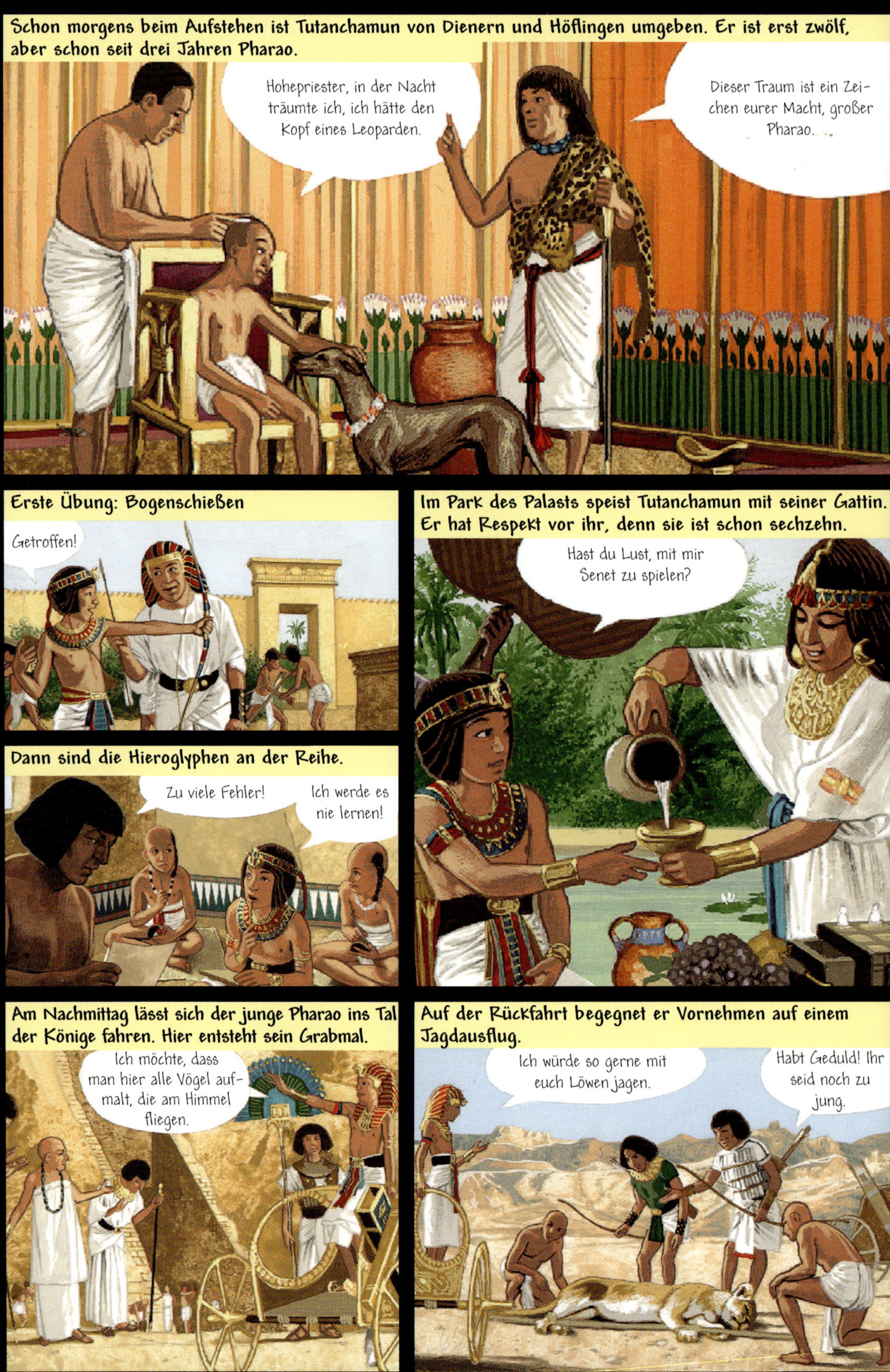

Am folgenden Tag empfängt Tutanchamun die Fürsten aus Nubien. Es wurde von Ägypten unterworfen.
Jetzt ist Nubien eine Kolonie.
Der Gouverneur von Nubien führt die nubischen Prinzen vor seinen Thron.
Damit liegt dir Nubien zu Füßen.
Die Nubier ziehen mit ihren Geschenken am Pharao vorbei. Sogar eine Giraffe haben sie mitgebracht.
So ein lustiges Tier!
Pscht!
Aus einem Fenster des Palasts überreicht Tutanchamun dem Gouverneur Geschenke.
Mit deiner Hilfe habe ich mein Reich vergrößert.
Im Tempel dankt er Ägyptens Schutzgott Amun.
Ich gebe dir das Leben zurück, o Amun, Quelle allen Lebens!
Am Abend geben der Pharao und seine Gattin ein Festmahl für die nubischen Prinzen.
Unter Eurer Herrschaft wird Ägypten ein großes Reich werden!
Ende

Berühmte Pharaonen

Einige Pharaonen gingen als kluge Staatsmänner, große Baumeister oder fähige Feldherren in die Geschichte ein. Unter ihnen waren auch einige bemerkenswerte Frauen. Sie alle taten ihr Bestes, um nicht in Vergessenheit zu geraten. Das ist ihnen zweifellos gelungen.

Hatschepsut, eine Frau als Pharao
Nach dem Tode ihres Gatten Thutmosis II. übernahm Königin Hatschepsut gemeinsam mit ihrem Neffen die Regierung. Um von ihren Untertanen anerkannt zu werden, verhielt sie sich wie die männlichen Pharaonen. Sie ließ ihren Namen auf Gebäude meißeln und sich mit einem falschen Bart abbilden. Außerdem gab sie ein monumentales Grabmal in Auftrag. In ihrer Regierungszeit wurde Ägypten durch den Handel reich und es wurden keine Kriege geführt.

Thutmosis III., ein genialer Krieger
Nach Hatschepsuts Tod regierte ihr Neffe Thutmosis III. alleine weiter. 20 Jahre später ließ er den Namen der Königin von Bauwerken entfernen und ihre Statuen vernichten. Er wollte, dass das Volk sie vergaß. Er erwies sich als ausgezeichneter Feldherr. In 20 Jahren führte er 17 erfolgreiche Militärexpeditionen an. Er baute ein großes Reich auf, das bis Syrien in Mesopotamien reichte. Nie war Ägypten größer als während seiner Herrschaft. Die Beute aus seinen Feldzügen machte Ägypten reich und ermöglichte die Errichtung zahlreicher großer Bauwerke. Der Pharao ließ viele Obelisken aufstellen, vor allem einer hat Berühmtheit erlangt: »die Nadel der Kleopatra«, die heute in London steht.

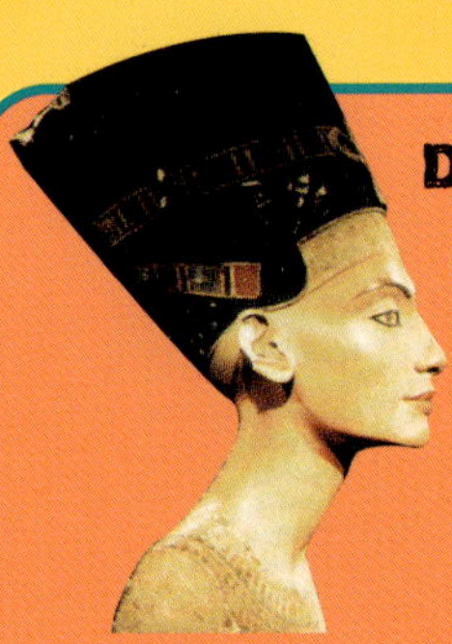

Die schöne Nofretete

Nofretete wurde durch ihr Porträt berühmt, eine herrliche Büste. Die Bedeutung des in Amarna entdeckten Kunstwerks erkannte man erst, nachdem es den Behörden übergeben wurde. Heute wird es in Berlin ausgestellt.
Nofretete bedeutet: »die Schöne ist gekommen«. Ihr Gatte, der Pharao Echnaton, beteiligte sie an der Regierung. Gemeinsam hatten sie sechs Töchter.

-3150 bis -2635
ENTSTEHUNG ÄGYPTENS
Vereinigung und Bildung des Staates

-2635 bis -2140
ALTES REICH
Pharaonen bauen ihre Macht aus.

-2022 bis -1650
MITTLERES REICH
Pharaonen rüsten große Militärexpeditionen aus ur gründen ihre heilige Haupts Theben.

-3150: König Narmer vereint Ober- und Unterägypten.

Um -2400: Bau der drei großen Pyramiden

Um -1800: Bau der ersten großen Tempel

Tutanchamun und seine Gattin

Diese Szene schmückt die Rückenlehne von Tutanchamuns goldenem Thron, der im Tal der Könige gefunden wurde.

❶ Darstellung des Gottes Aton als Sonnenscheibe. Die Strahlen haben die Form kleiner Hände.

❷ Tutanchamun sitzt auf einem Thron aus Edelholz mit Löwenpfoten.

❸ Seine Gattin Anchesenamun reicht ihm eine Schale mit Parfüm.

❹ Kurze Lockenperücke

❺ Der Kopfschmuck ist mit Sonnenscheiben und Schlangen verziert, den Symbolen seiner Macht.

❻ Goldenes Diadem mit Schlangen- und Geierkopf

❼ Langer Leinenschurz mit einem mit kostbaren Steinen verziertem Gürtel

❽ Echthaarperücke mit geflochtenen Zöpfen

❾ Leichtes Leinenkleid

❿ Der Brustschmuck ist ein goldener, mit Edelsteinen verzierter Kragen, der auf den Schultern ruht.

Echnaton, der Reformer

Um 1375 v. Chr. bestieg Amenophis IV, Ehemann Nofretetes und später bekannt als Echnaton, den Thron. Er setzte eine religiöse Reform in Gang und verbot die Verehrung Amuns, des höchsten ägyptischen Gottes. An dessen Stelle setzte er Aton, einen durch die Sonnenscheibe dargestellten Gott. Amenophis ging so weit, seinen Namen abzulegen und sich Echnaton zu nennen, »der, der Aton gefällt«. Zum ersten Mal in der Geschichte der Menschheit gab es eine Religion mit einem einzigen Gott.

Tutanchamun, der junge Pharao

1354 v. Chr. war Tutanchamun erst neun Jahre alt, folgte aber dennoch bereits Echnaton auf den Thron nach. Unter Tutanchamun wurde der Aton-Kult wieder abgeschafft und die alten Götter erneut angebetet. Echnatons Tempel wurden zerstört. Tutanchamun regierte nur etwa zehn Jahre lang. Er starb sehr jung mit ungefähr achtzehn Jahren. Er wurde bei Theben im Tal der Könige beigesetzt, am Fuße eines Berges, der einer Pyramide ähnelt. Bei ihrer Entdeckung war seine Mumie unversehrt. Eine Wunde am Bein lässt vermuten, dass er möglicherweise an den Folgen dieser Verletzung starb. Neueste wissenschaftliche Erkenntnisse lassen darauf schließen, dass er sich diese Wunde bei einem Reitunfall zugezogen hatte. Er wäre sicher in Vergessenheit geraten, hätte man nicht in seinem Grab einen fantastischen Schatz entdeckt.

-1539 bis -1069
NEUES REICH
Goldenes Zeitalter Ägyptens. Das Land erreicht seine größte Ausdehnung.

- -1479: Hatschepsut
- -1479: Thutmosis III.
- -1351: Echnaton und Nofretete
- -1354: Tutanchamun
- -1279: Ramses II.

-1069 bis -664
ENDE DER EINHEIT ÄGYPTENS
Zeit der Unruhen und Invasionen

-664 bis -525
SPÄTZEIT
Intellektuelle und künstlerische Erneuerung

-525 bis -30
Könige benachbarter Reiche reißen die Macht an sich.

- -332: Alexander der Große gründet Alexandria.
- -51: Kleopatra
- -30: Ägypten wird römische Provinz.

Ramses II., der Baumeister

Ramses II. war einer der bemerkenswertesten Pharaonen. Er war ein Eroberer, aber auch ein Mann des Friedens, Vater vieler Kinder und Auftraggeber gewaltiger Bauwerke. Er regierte 66 Jahre lang.

Soldatenkind
Ramses II. wurde Ende des 13. Jh. v. Chr. in eine Familie mit militärischer Tradition hineingeboren. Sein Vater, Pharao Sethos I., bereitete ihn auf seine spätere Aufgabe vor. In der Schule des Palasts lernte Ramses rechnen, musizieren und schreiben und befasste sich mit Geografie.

Vater einer großen Familie

Ramses II. hatte zahlreiche Frauen. Die Namen vieler von ihnen sind vergessen. Seine Lieblingsfrau, Königin Nefertari, schenkte ihm mindestens vier Söhne und zwei Töchter. Insgesamt soll Ramses II. an die hundert Kinder gehabt haben. Sein 13. Sohn Merenptha wurde sein Nachfolger.

Ein Mann des Friedens
Als 1279 v. Chr. sein Vater starb, bestieg Ramses als 25-Jähriger den Thron.
In den frühen Jahren seiner Regierungszeit unternahm er Eroberungszüge, um für Ägypten verlorene Gebiete zurückzugewinnen. Mit seiner Armee kämpfte er in der berühmten Schlacht von Kadesch. Er war aber mehr als nur ein Feldherr. Nach langen Kämpfen schloss er mit dem Oberhaupt der feindlichen Hethiter einen Friedensvertrag. Dies ist der älteste bekannte Friedensvertrag der Geschichte. Dieser wurde durch die Heirat von Ramses mit der Tochter des Hethiter-Königs zusätzlich bekräftigt.

Großartige Bauwerke
Nach diesem Abkommen gelang es Ramses, seine Feinde fernzuhalten. Das halbe Jahrhundert Frieden, das er für Ägypten erreicht hatte, nutzte er, um dem Land sein Gesicht zu geben. Er ließ mehrere Bauwerke errichten, um seinen Ruhm zu vergrößern und das Volk von seiner Größe zu überzeugen. Im Norden Ägyptens ließ er die neue Hauptstadt Pi-Ramses anlegen und gab in Theben sein Grabmal in Auftrag, das Ramesseum. Für seine Ehefrau, die schöne Nefertari, wurde ein Grabmal im Tal der Königinnen errichtet. Im Süden, inmitten der nubischen Wüste, entstanden in Abu Simbel zwei beeindruckende Tempel, die Ramses II. und seine Gattin Nefertari unsterblich machten. Es wird vermutet, dass er dieses Bauwerk bewusst zur Abschreckung der unterworfenen Nubier dort bauen ließ.

Ramses II. besuchte persönlich die Baustellen.

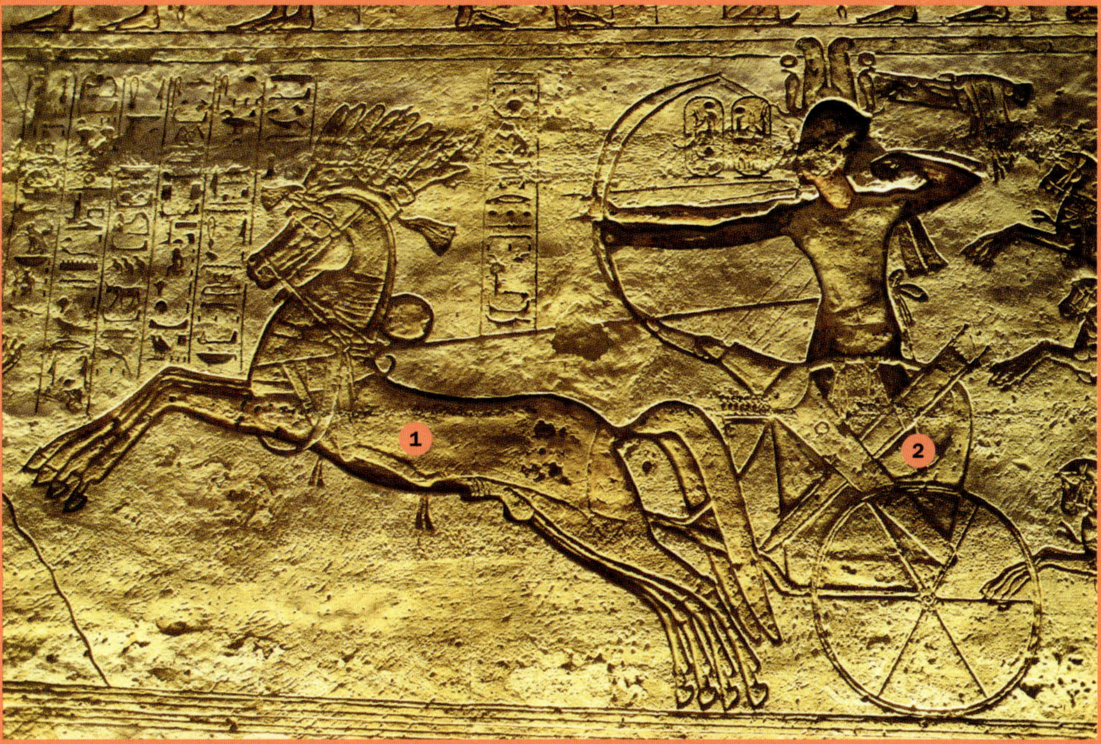

Ramses II. auf seinem Streitwagen
Dieses Flachrelief befindet sich im großen Tempel von Abu Simbel. Es zeigt Ramses II. bei der Schlacht von Kadesch im Jahr 1274 v. Chr. als Sieger. Tatsächlich ging diese Schlacht gegen die Hethiter unentschieden aus.

1 Pferde waren dem Pharao und den Befehlshabern der Armee vorbehalten. In den Schlachten zogen sie gewöhnlich Streitwagen. Geritten wurden sie nur selten.

2 Der Pharao und seine Offiziere lenkten die Streitwagen selbst. Unter Ramses II. bestand die Armee aus 5000 Fußsoldaten und 1000 Männern mit Streitwagen. Sie waren in Einheiten aufgeteilt, die jeweils eine eigene Schutzgottheit hatten.

Ein Gott auf Erden

Bereits zu Lebzeiten wurde Ramses II. wie ein Gott verehrt. Die in seinem Auftrag errichteten Bauwerke wurden mit übergroßen Statuen geschmückt. In Abu Simbel ließ er sich inmitten von Götterstatuen darstellen. In seinem Auftrag wurde überall sein Name eingemeißelt, sogar in den Tempeln, die von seinen Vorgängern erbaut wurden.

Das Ende der Regentschaft

Ramses II. regierte Ägypten länger als ein halbes Jahrhundert. Nach seinem Tod wurde er im Tal der Könige bestattet. Sein Grab wurde leider geplündert und aller Wertsachen beraubt. 1881 entdeckte man in einem Versteck die Mumie Ramses II., des berühmtesten aller Pharaonen. Die Mumie wurde restauriert und wird seither im Museum von Kairo aufbewahrt.

Das Ramesseum
Dieser Totentempel in Theben ist mit gewaltigen Säulen geschmückt, die Ramses II. darstellen. Bereits zu seinen Lebzeiten und noch lange nach seinem Tod stellten Priester Speise- und Trankopfer vor diese Säulen, die nach ihrem Glauben das »ka«, die Lebenskraft des Pharaos, enthielten.

Abu Simbel, der Tempel von Ramses II.

Dieser einzigartige, 300 km von Assuan entfernte Tempel wurde in die Felsen des Nilufers gehauen und ist eine ewige Erinnerung an die Macht Ramses II.

1 Die Terrasse ist 40 m tief und mit Statuen geschmückt, die den stehenden Pharao Ramses II. und den falkenköpfigen Gott Horus darstellen.

2 Eingang zum Tempel mit einem Tor aus Holz

3 In der Nische steht eine Statue des Gottes Re. Auf seinem Falkenkopf trägt er die Sonnenscheibe.

4 Das in den Fels gehauene Porträt des Pharaos: Ramses II. ehrt den Sonnengott Re.

5 Dieser Koloss stellt Ramses II. als Pharao dar. Sein Blick ist nach unten auf den Boden gerichtet, auf die Welt der Sterblichen. Die gewaltige Größe der Statue unterstreicht den göttlichen Charakter des Pharaos.

6 Der Fries besteht aus 23 Affenfiguren.

7 Diese Statue der Nefertari ist Teil einer Gruppe von 12 Statuen, die Mitglieder der königlichen Familie darstellen.

Ein rekordverdächtiger Tempel

Fassade: 33 m hoch, 38 m breit
Kolosse: 20 m hoch
Gesicht einer Statue: 4 m breit
Hand einer Statue: 3 m breit
Tiefe des Tempels: 60 m

Fassade des Tempels von Abu Simbel

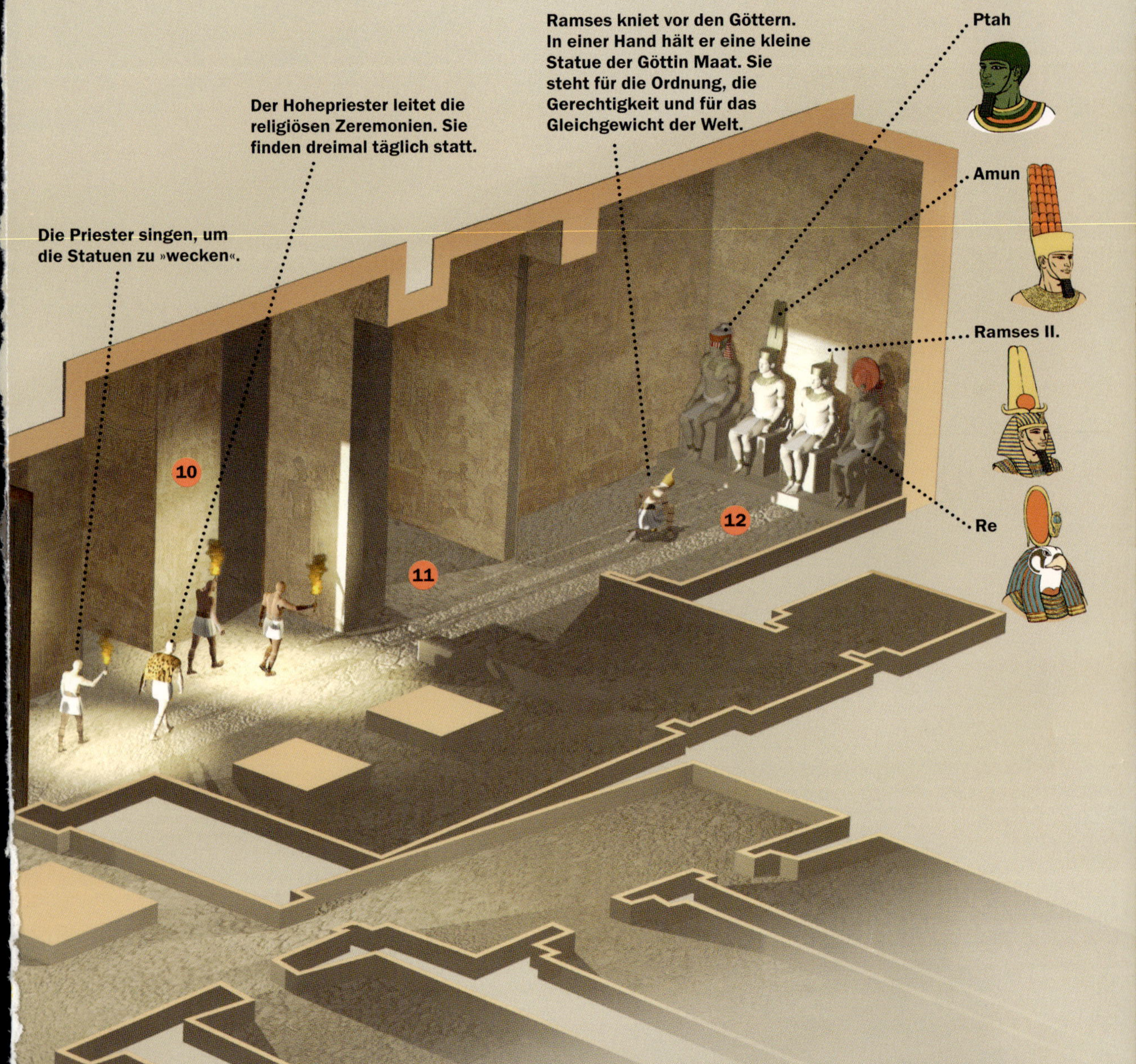

⓬ **Der heiligste Raum**
Zweimal im Jahr dringen die Strahlen der Sonne bis hierher vor. Das Licht und die Energie der Sonne verstärken die Kraft der Götterstatuen. Sie stellen Amun, den obersten ägyptischen Gott, und Re, den Sonnengott, dar. Ptah, der Gott des Erdinneren und des Todes, bleibt im Schatten. Ramses II. ist als lebender Gott dargestellt.

❿ In der »Schatzkammer« bewahren die Priester die Opfergaben auf: Statuetten, Bronzegeschirr, Schmuck und vergoldete Möbel.

⓫ Durch den Vorraum gelangt man in den heiligsten Raum.

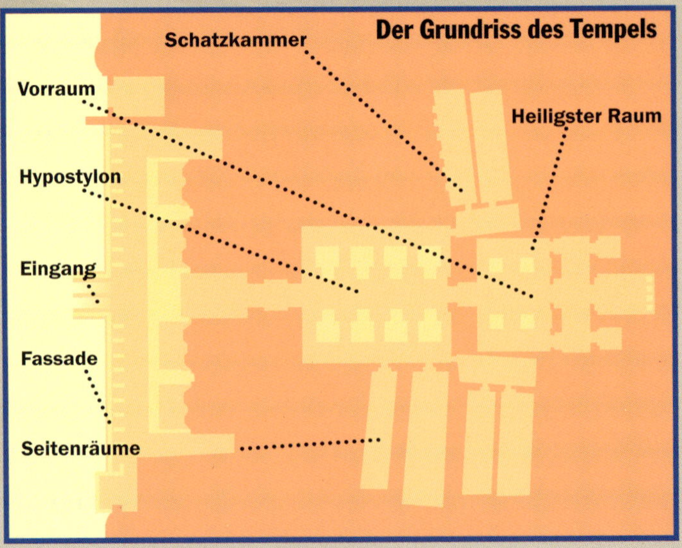

Zweimal im Jahr, im Februar und im Oktober, dringen Sonnenstrahlen in den Tempel ein und beleuchten die Götterstatuen im hintersten Tempelraum. Einzig Ptah bleibt dann im Schatten, weil er der Gott der Finsternis ist. Diese Szene stellt einen Besuch von Ramses im Tempel dar.

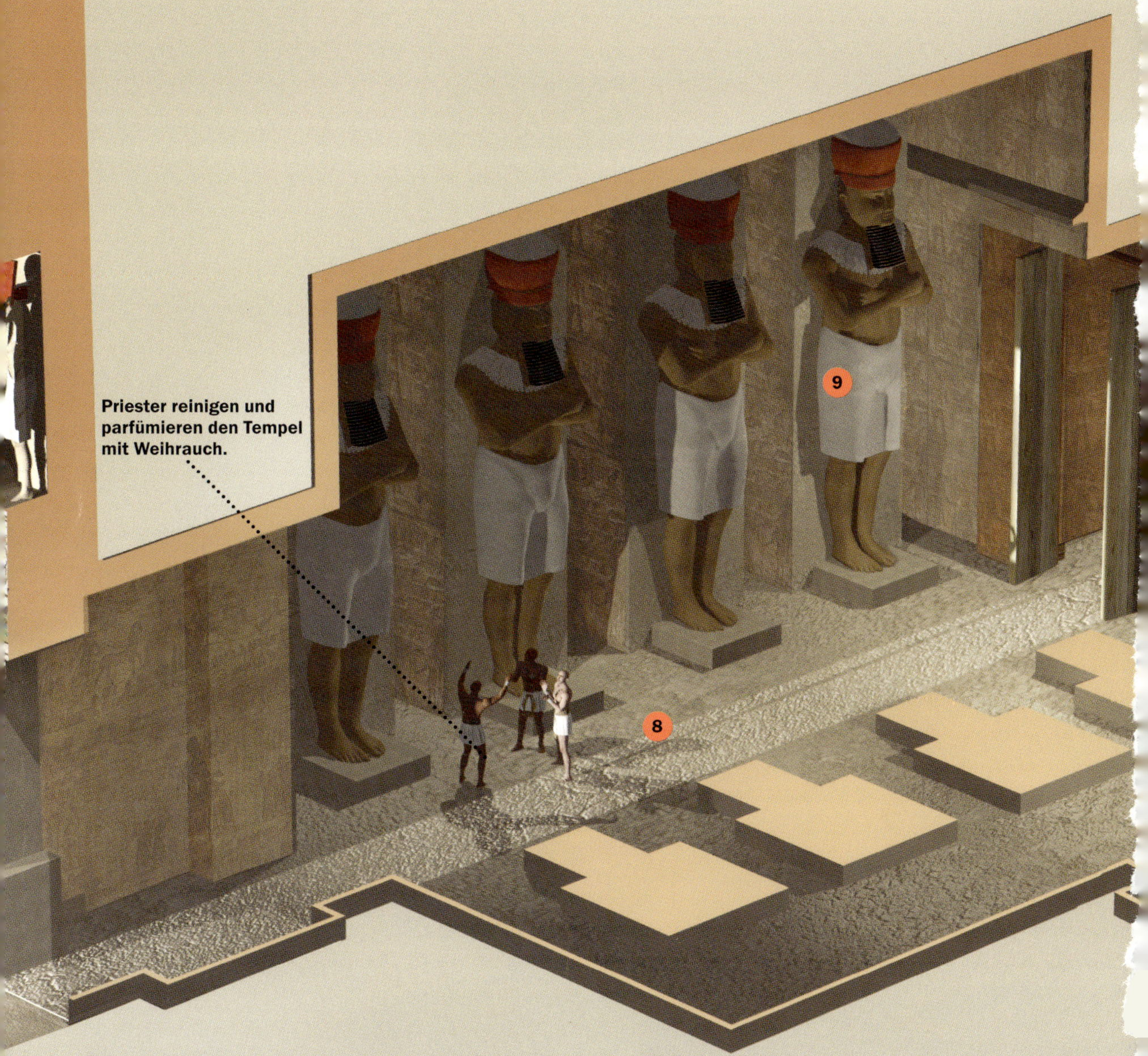

8 Säulenreihen stützen die Decke des Hypostylons. In die Wände der Halle sind Szenen aus der Schlacht von Kadesch eingemeißelt. In dieser greift Ramses II. die Hethiter an.

9 Die mit Statuen verzierten Säulen sind 10 m hoch. An jeder Seite des Saals stehen vier. Fresken, die Adler mit ausgebreiteten Schwingen darstellen, schmücken die Decke.

Die Ägypter und der Tod

Die Ägypter sahen den Tod als das Ende eines Abschnitts an, nach dem im Jenseits ein neues Leben seinen Anfang nahm. Deshalb war es wichtig, die Körper der Verstorbenen zu konservieren. Das sogenannte Einbalsamieren war Aufgabe von Priestern und dauerte 70 Tage.

Die Welt der Toten
Die alten Ägypter glaubten, das Jenseits läge hinter dem Westufer des Nils, dort, wo die Sonne untergeht. Deshalb setzte man die Toten über den Fluss, um sie auf dem Westufer einzubalsamieren. Reiche Ägypter ließen sich dort auch Grabmale bauen. Die Armen hingegen wurden nicht einbalsamiert und in der Wüste bestattet.

Das Einbalsamieren
Es fand in dafür eingerichteten Räumen statt. Um die Luft zu reinigen und schlechte Gerüche zu überdecken, verbrannten die Priester Weihrauch. Sie rasierten die Leiche und wuschen sie mit Palmöl. Anschließend begann das eigentliche Einbalsamieren.

Die inneren Organe
Die Priester schnitten den Leib auf und entnahmen Lunge, Leber, Magen und Därme. Der leere Bauch- und Brustraum wurde anschließend mit einer harzigen Substanz gefüllt. Dann entfernten sie das Gehirn durch die Nase und

füllten den Schädel mit wohlriechenden Kräutern. Nur das Herz blieb an seinem Platz, denn die Ägypter hielten es für den Sitz der Intelligenz und der Gefühle. Sie glaubten, im Jenseits würde Gott Anubis es prüfen.

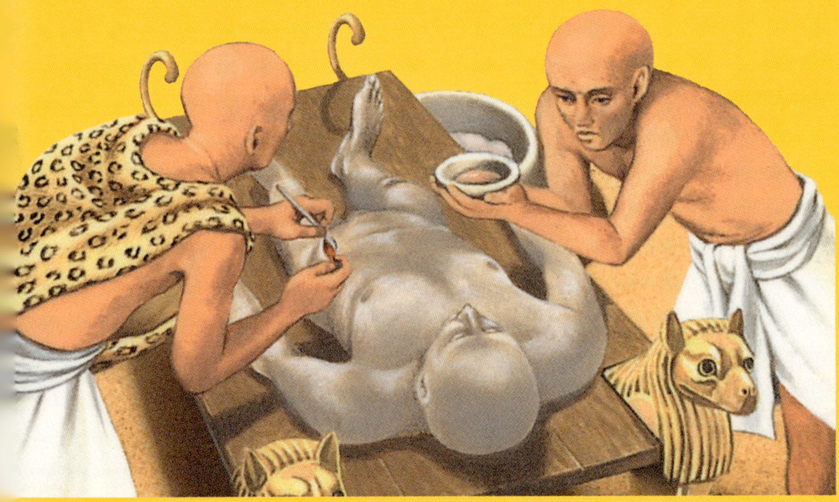

Das Trocknen der Mumie

Anschließend füllten sie die Leiche mit wohlriechenden Kräutern. Dann legten sie sie in einen Trog voller Natron. Dieses Salz trocknete sie aus.

Die Beisetzung des Pharaos

Die Bestattung des Herrschers war eine sehr aufwendige Angelegenheit. Eine lange Prozession begleitete die in mehrere Särge gehüllte Mumie zum Grabmal. Priester sprachen Gebete, und Klagefrauen weinten, schrien und schlugen sich auf die Brust, um ihrer Trauer Ausdruck zu geben. Eine Schar Diener trug all die Dinge, die den Pharao ins Jenseits begleiten sollten. Ein üppiges Festmahl bildete den Abschluss der Feierlichkeiten.

Das Bandagieren

Die getrocknete Leiche wurde in ein sogenanntes Haus der Schönheit getragen, wo sie zwei Wochen blieb. So lange dauerte es, sie mit Binden zu umwickeln. Davor aber stopften die Priester sie mit Gewürzen, Sägespänen und in Harz und Parfüm getränkten Lappen aus. Die Leinenbinden für eine einzige Mumie waren insgesamt einige Hundert Meter lang. Damit die Haut gut erhalten blieb, mussten sie sehr fest gewickelt werden.

Zwischen die einzelnen Lagen wurden schützende Amulette gesteckt. Manchmal band man auch Holzbrettchen an die Mumie. Auf ihnen konnte der Name des Verstorbenen stehen, aber auch Bitten an die Götter, sich gut um ihn zu kümmern.

Die Kanopen

In diese Krüge kamen die inneren Organe des Toten: Leber, Magen, Darm und Lunge. Man stellte die Kanopen in einer Truhe neben den Sarkophag.

Die Särge

Die Priester legten die Totenmaske auf das Gesicht der Mumie. Dann steckte man sie in mehrere Särge, einer immer größer als der andere. Diese konnten aus Holz, Stoff oder Gips sein. Pharaonensärge waren aus vergoldetem Holz oder Gold.

Der Trauerzug

Die Familie begleitete den Verstorbenen zum Grab. In der innersten Grabkammer bettete man ihn in seinen Särgen in eine steinerne Truhe, den Sarkophag. Dann sprachen die Priester nochmals Gebete und verbrannten Weihrauch.

Das Dorf der Handwerker

Im Dorf Deir el-Medina gab es ganz besondere Handwerker. Sie waren Arbeiter, die die Gräber der Pharaonen bauten und verzierten. Den Archäologen gelang es, hinter ihre Berufsgeheimnisse zu kommen.

Ein Handwerkerdorf mitten in der Wüste
Das 1500 v. Chr. gegründete Dorf Deir el-Medina lag in der Wüste. Es dauerte eine Stunde, um von dort aus zum Tal der Könige zu gehen. In dem Dorf lebten ungefähr 60 Handwerker mit ihren Familien: Schreiner, Maler, Bildhauer, Schmiede und viele andere. Dorfvorsteher war ein Beamter des Pharaos, ein Wesir. Schreiber und Verwalter bezahlten die Handwerker mit Lebensmitteln, also in sogenannten Naturalien.

Unterwegs zur Baustelle
Die Arbeit an den Gräbern erfolgte in Schichten. Die Männer arbeiteten in Trupps. Wenn sie fertig waren, gingen sie nicht nach Hause, sondern in eine kleine Siedlung, »das Dorf der Spitze«, das oberhalb des Tals der Könige lag. Jeder Handwerker hatte dort eine Hütte.

Das Werkzeug
Ob Schreiner oder Schmied, alle Handwerker stellten ihre Werkzeuge selbst her.

Ziegelform

Schnitzmesser mit Bronzeklingen

Die Gräber der Handwerker

In der Nähe ihres Dorfes legten die Handwerker aus dem Tal der Könige ihre eigenen Gräber an. Die Truhen mit Pflegemitteln und Kosmetika, Kleidungsstücken und Werkzeug, die dort gefunden wurden, sagen uns etwas über den Alltag dieser Leute. Ihre Gräber sind schlichter verziert als die der Könige.

Bau eines Grabes

❶ Mit Bronzehacken arbeiten sich die Männer durch den Fels. Die Baupläne der Gräber sind einander ziemlich ähnlich.

❷ Ein 100 bis 200 m langer Korridor führt vom Eingang hinab zur Grabkammer. In der Grabkammer entsteht der Sarkophag, der die Särge aufnehmen wird.

❸ Dann werden Hieroglyphen in die Wände gemeißelt. Es handelt sich um Texte, die die Rituale der Beisetzung und den Weg des Verstorbenen ins Jenseits beschreiben.

Mit Holzhämmern und Meißeln aus Kupfer bearbeiteten die Bildhauer den Stein.

Malen nach Regeln

Die Maler hielten sich streng an bestimmte Regeln. So zeichneten sie Gesichter stets im Profil, Augen jedoch von vorne und weit geöffnet. Schultern stellten sie von vorne dar, die Beine wiederum im Profil. Auch bei der Farbgebung galten Regeln. Die Männer sind meist rot, weil sie im Freien arbeiten. Die Frauen haben einen helleren, oft gelblich-ockerfarbenen Teint.

Einige der Minerale, aus denen die Handwerker ihre Farben herstellten

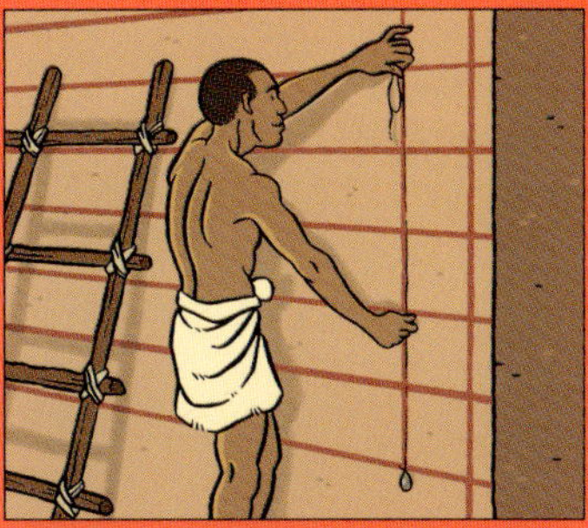

Die Verzierung der Wände

❹ Die Handwerker überziehen Wände und Decke mit einem Netz aus waagerechten und senkrechten Linien. Das hilft ihnen, die Zeichnungen zu übertragen.

❺ Die Maler stellen die Farben selbst her. Dazu zerstoßen sie bunte Minerale und verrühren sie mit Flüssigkeit. Mitunter schlagen sie ein Ei in die Mischung.

❻ Sie tragen die Farben mit einem Papyrusstängel mit faserigem Ende auf. Ihre Farben sind von guter Qualität und haben so die Jahrtausende überdauert.

Die Entdeckung des Grabs von Tutanchamun

1917 begann der britische Archäologe Howard Carter, im Tal der Könige nach Tutanchamuns Grab zu suchen. Obwohl es nur wenige Hinweise gab, entdeckte er 1922 den wertvollsten Schatz, der je in Ägypten gefunden wurde.

1923 versammelte sich am Eingang von Tutanchamuns Grab eine Schar Neugieriger. Sie wollte sehen, wie der Schatz herausgetragen wurde.

Tutanchamuns Grab

Die Mumie des Pharaos lag in drei ineinandergesteckten Särgen, von denen einer kostbarer als der andere war.

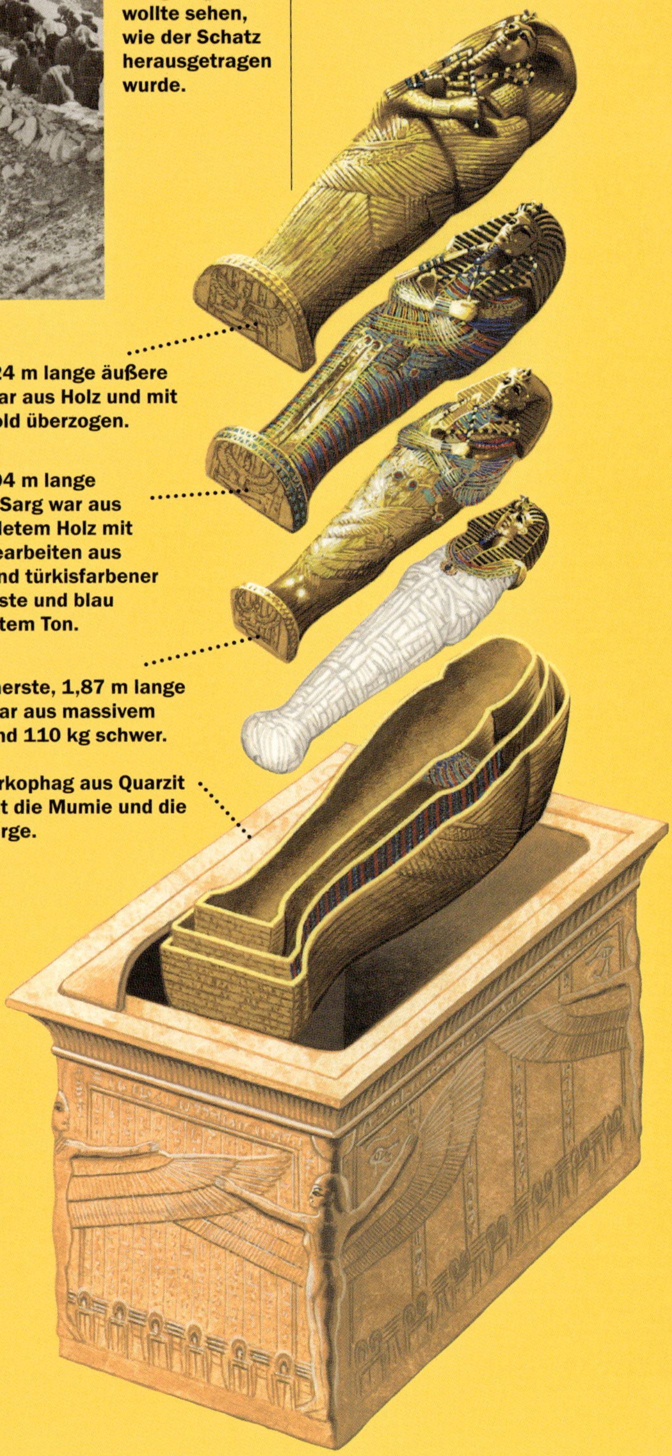

Der 2,24 m lange äußere Sarg war aus Holz und mit Blattgold überzogen.

Der 2,04 m lange zweite Sarg war aus vergoldetem Holz mit Einlegearbeiten aus roter und türkisfarbener Glaspaste und blau glasiertem Ton.

Der innerste, 1,87 m lange Sarg war aus massivem Gold und 110 kg schwer.

Der Sarkophag aus Quarzit enthielt die Mumie und die drei Särge.

Das Tal der Könige

Um 1500 v. Chr. hörten die Pharaonen auf, sich in Pyramiden beisetzen zu lassen, da diese auffälligen Grabmäler nur allzu oft geplündert wurden. Stattdessen wählten sie für ihre Gräber einen abgelegenen Ort in der Nähe von Theben: das Tal der Könige. Dort ließen sie in die Berge unterirdische Gänge und Totenkammern graben. Es wurden bisher 80 solcher Gräber entdeckt.

Eine geheime Treppe

Am 4. November 1922 beauftragte Howard Carter seine Arbeiter, im Geröll nahe dem Grab von Ramses VI. zu graben. Plötzlich zeichnete sich eine Steinstufe ab und später eine weitere. Nach zwanzig Tagen hatten sie die Treppe freigelegt. Sie führte zu einer zugemauerten Tür mit unbeschädigten königlichen Siegeln.

Ein fantastischer Anblick
Rasch waren die Steine aus dem Türrahmen entfernt, aber als Nächstes musste ein Korridor von Schutt befreit werden. Im Dämmerlicht stieß Carter auf eine zweite Tür, die das Siegel des Pharaos Tutanchamun trug. Mit einem Brecheisen schlug er ein Loch in die Tür und leuchtete mit einer Kerze in den Raum dahinter. Seine Mühen wurden belohnt: In der Kammer glitzerten Hunderte goldener Gegenstände.

Das Öffnen der Särge
Im Februar 1923 betraten Carter und seine Männer endlich die Grabkammer. Sie suchten mehrere Nebenräume nach der Mumie ab. Schließlich fanden sie den Sarkophag und mehrere ineinandergesteckte Särge. Im dritten lag Tutanchamuns Mumie. Sie war unversehrt und reich geschmückt. Eine goldene Maske verdeckte das Gesicht.

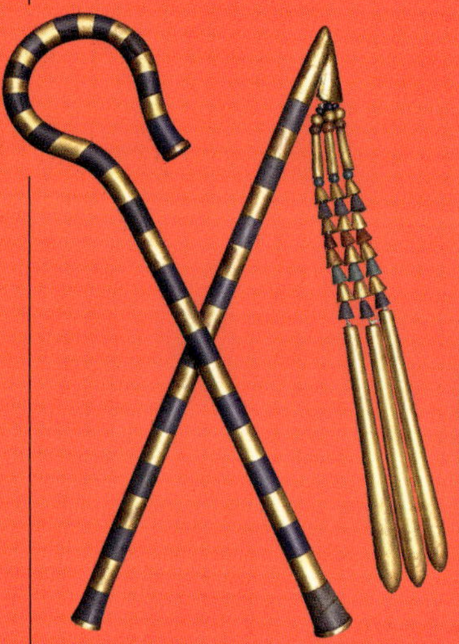

Das Zepter und die Geißel
Das Zepter und die Geißel wurden im Grab gefunden. Tutanchamun trug sie bei seiner Krönung.

Die Totenmaske
Tutanchamuns Totenmaske wiegt 10 kg! Sie besteht aus Gold, in das Stücke bunter Glaspaste und Schmucksteine eingelegt wurden. Sie ist das schönste Stück des Schatzes.

Zehn Jahre Arbeit für die Archäologen

Die Entdeckung von Tutanchamuns Grab war für Carter und sein Team erst der Anfang langwieriger wissenschaftlicher Arbeit. Jedes Stück wurde fotografiert und gezeichnet. Man notierte seine Position in der Kammer, seine Größe und das Material. Erst nachdem sie nummeriert waren, holte man die Stücke aus der Kammer. Anschließend wurden sie im Labor gereinigt und restauriert. Der berühmte Schatz wird heute in Kairo ausgestellt.

Nachdem sie den Sargdeckel mithilfe von Flaschenzügen und Seilen abgenommen hatten, untersuchte Carter die Mumie mit einem Skalpell.

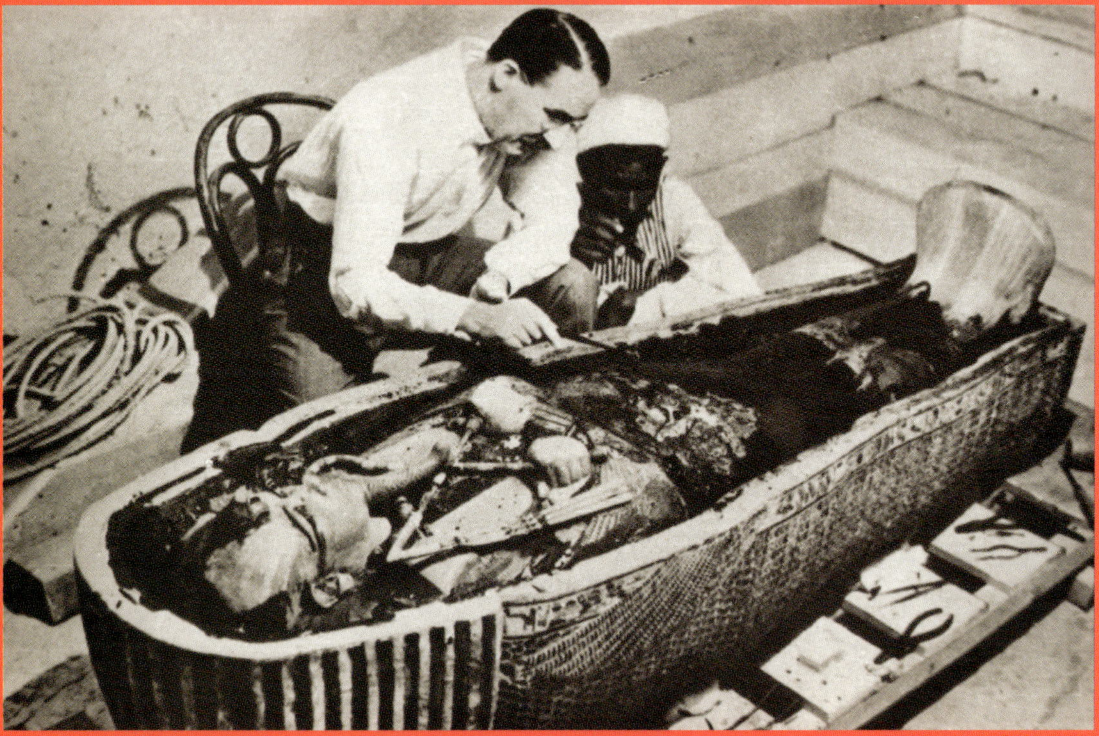

Tutanchamuns Grab und seine Schätze

Tutanchamuns Grab wurde in den Felsen gehauen. So sieht es im Inneren aus. Über 3000 Jahre lang hütete es sein Geheimnis. Der Grabschatz bestand aus insgesamt 3500 Objekten.

Der Vorraum

1. **Drei Totenbetten**
2. **Streitwagen, komplett mit Rädern**
3. **Die beiden Statuen aus vergoldetem Holz stellen den jungen Pharao dar und bewachen den Eingang der Grabkammer.**
4. **Tutanchamuns Thron**
5. **Bemalte Holztruhe mit Darstellungen des Pharaos auf der Jagd und im Kampf gegen Syrier und Nubier.**
6. **Ovale Behälter mit Lebensmitteln, der Proviant für die Reise im Jenseits**

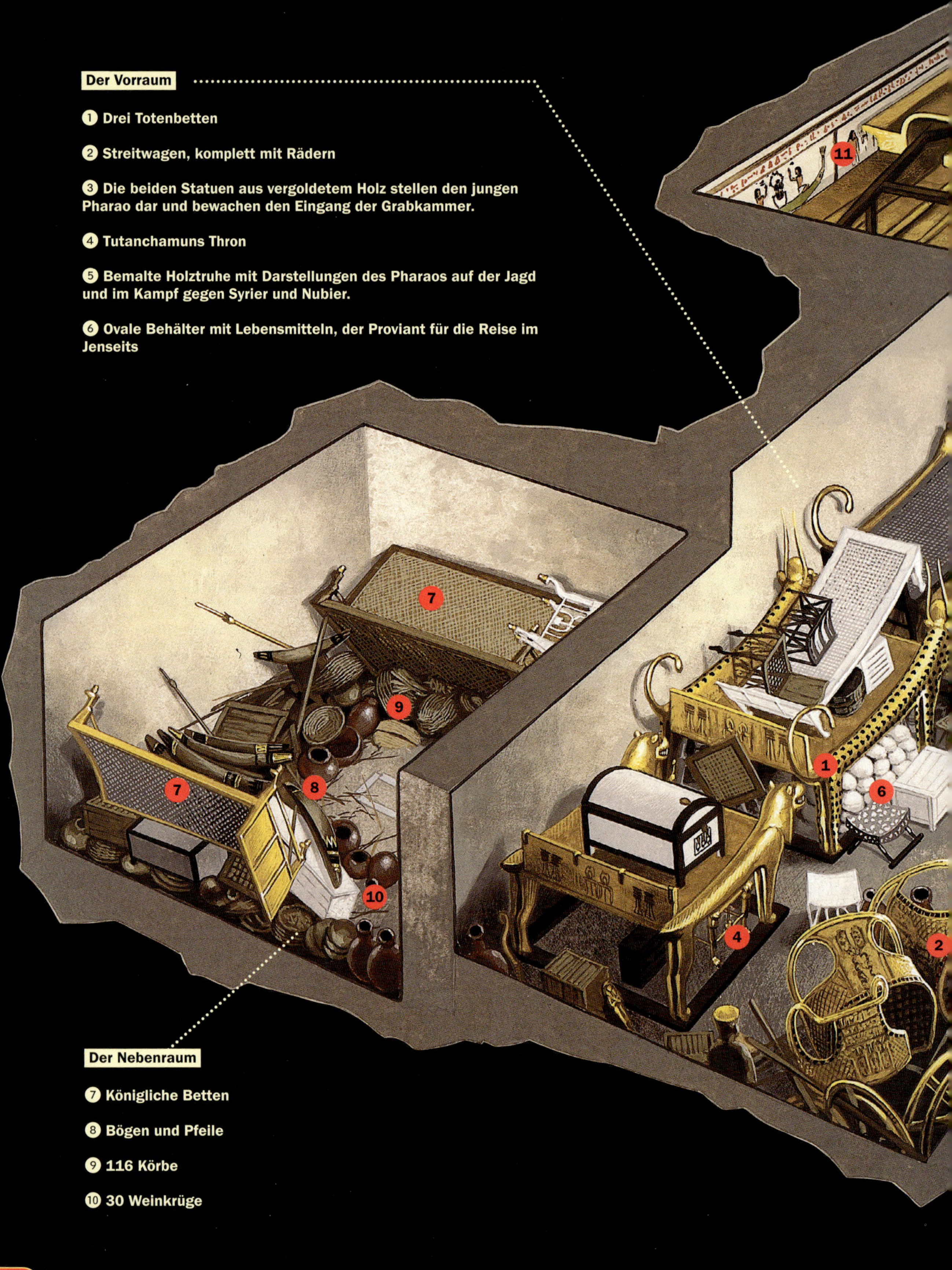

Der Nebenraum

7. **Königliche Betten**
8. **Bögen und Pfeile**
9. **116 Körbe**
10. **30 Weinkrüge**

Die Grabkammer

⓫ Die Wandmalereien stellen die Bestattung Tutanchamuns und seine Ankunft im Jenseits dar.

⓬ Vier ineinandergebaute Schreine aus vergoldetem Holz enthalten den Sarkophag mit den drei Särgen und der Mumie Tutanchamuns.

Die Schatzkammer

⓭ In dieser Truhe befinden sich die vier Kanopen, in denen die inneren Organe des Pharaos verwahrt wurden.

⓮ Auf diesen Schiffsmodellen sollte der Pharao durchs Jenseits reisen.

⓯ Holzstatue des Gottes Anubis, in ein Leintuch gehüllt

Eingang zum Grab

⓰ Treppe

⓱ Zugemauerte Tür

⓲ Innerer Korridor

⓳ Tür mit dem Siegel Tutanchamuns

Noch mehr Infos

Heilige Tiere

Der Ibis galt als Verkörperung von Thot, dem Gott der Zeit und der Jahreszeiten. Den Wassergott Sobek stellten sich die Ägypter als Krokodil vor und Wadjet, die Beschützerin des Pharaos, als Kobra. Den Pavian sahen sie als weitere Verkörperung von Thot an, dem sie auch die Erfindung der Hieroglyphen zuschrieben. Der Schakal stand für Anubis, der die Toten ins Jenseits begleitete.

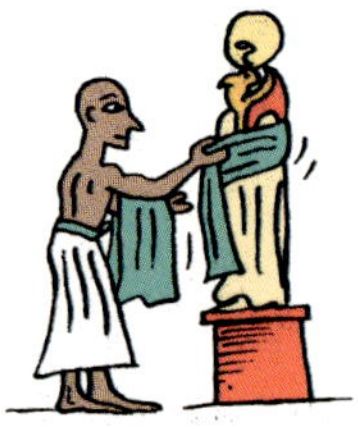

Die Priester

Oberster Priester war der Pharao. Da er nicht überall gleichzeitig sein konnte, übernahmen Priester die Aufgabe, die Götterstatuen in den Tempeln sauber zu halten, sie zu »füttern« und ihnen Kleider anzulegen.

Grabräuber

Bei ihrer Entdeckung waren nur wenige Königsgräber unversehrt. Die meisten wurden bereits in der Antike geplündert. Im 19. Jahrhundert begannen Sammler sich für ägyptische Antiquitäten zu begeistern. Statuen und Sarkophage wurden gestohlen und für viel Geld nach Europa verkauft.

Die Ägyptenexpedition

1789 unternahm Napoleon eine Militär- und Forschungsexpedition nach Ägypten. Die Gelehrten, die Napoleon begleiteten, zeichneten die Pyramiden, studierten Papyrusrollen und sammelten antike Gegenstände. Durch ihre Arbeit wuchs das Interesse an der ägyptischen Kultur und ihren Schätzen.

Die Rettung von Abu Simbel

Durch den Bau des Assuanstaudamms stieg in den 1960er-Jahren der Wasserstand des Nils. Es bestand die Gefahr, dass die Tempel von Abu Simbel überschwemmt wurden. Die Tempel mussten umziehen! Sie wurden in große Blöcke zersägt, von denen die schwersten 20 Tonnen wogen. Einige Jahre nach Beginn der Rettungsaktion wurden sie an einer sicheren Stelle wieder zusammengesetzt.

Steinblöcke

Die für den Bau der Pyramiden verwendeten Steinblöcke wiegen bis zu 60 Tonnen. Die am Eingang zum Ramesseum aufgestellte Statue von Ramses II. ist aus einem einzigen Granitblock gehauen und wiegt 1000 Tonnen!

Schwarze Pharaonen
Zwischen dem 8. und dem 4. Jahrhundert v. Chr. wurde Ägypten von den Nubiern beherrscht, einem südlich von Ägypten lebenden Volk. Die Pharaonen aus Nubien machten Ägypten reich. Einige von ihnen ließen sich Pyramiden errichten. Man bezeichnet sie aufgrund ihrer dunklen Hautfarbe als die schwarzen Pharaonen.

Wütende Arbeiter
In der Regierungszeit Ramses' II. machte sich unter den Arbeitern und Handwerkern auf den Baustellen im Tal der Könige Unzufriedenheit breit, denn häufig traf ihr Lohn erst verspätet ein. Sie beschlossen, die Arbeit niederzulegen. Das waren die ersten bekannten Streiks in der Geschichte.

Der Tod der Kleopatra
Nachdem Kleopatra in der Schlacht von Actium Kaiser Augustus unterlegen war, zog sie sich in einem Tempel zurück und beging Selbstmord. Ihr war die Schande zu groß. Seit der Antike heißt es, Kleopatra hätte sich selbst getötet, indem sie sich von einer Schlange beißen ließ. Manche Wissenschaftler der heutigen Zeit zweifeln am Selbstmord Kleopatras und vertreten die Meinung, dass sie das Opfer eines gut getarnten Mordes war.

Ein neues Haustier
Um 2000 v. Chr. zähmten die Ägypter Katzen. Das kleine Raubtier jagte Mäuse und Ratten und vertrieb Skorpione und Schlangen aus dem Haus. Die Ägypter schätzten ihre neuen Hausgenossen so sehr, dass sie eigene Friedhöfe für sie anlegten. Manche Katzen wurden auch einbalsamiert und zusammen mit ihren Besitzern bestattet.

Geld statt Tauschware
Lange Zeit wollten die Ägypter von Geld nichts wissen, sondern zogen den Tauschhandel vor. Erst im 4. Jahrhundert v. Chr. begannen sie, Münzen zu prägen. Mit diesen bezahlten sie ausländische Söldner, wie etwa Griechen, die in der ägyptischen Armee kämpften.

Grabbeigaben
Die alten ägyptischen Gräber stecken voller Geheimnisse. In Kindergräbern etwa entdeckten Archäologen zu Puppen geformtes Gebäck.

Champollion, das Sprachgenie

Der französische Archäologe Champollion konnte Griechisch, Latein und die indische Schrift Sanskrit lesen. Außerdem beherrschte er Arabisch, Hebräisch, Aramäisch und Äthiopisch.

Ein Römer in Ägypten
Ab dem 2. Jahrhundert v. Chr. interessierten sich die Römer zunehmend für

den Reichtum Ägyptens. Im Jahr 48 v. Chr. drangen römische Truppen unter Führung von Julius Cäsar nach Ägypten vor. Cäsars Eintreffen in Ägypten ermöglichte Kleopatra, aus dem Exil in ihr Reich zurückzukehren. Die beiden träumten davon, Morgenland und Abendland zu vereinigen, und zeugten sogar einen Sohn. Cäsars Ermordung in Rom 44. v. Chr. zerstörte ihre Pläne.

Ein Nilstaudamm
Der älteste Staudamm der Welt wurde in Ägypten entdeckt. Er entstand um 2500 v. Chr.

Kannten die Ägypter das Volk Israel?

Ja. Israelitische Nomaden bauten ein Handelsnetz auf, das das Land Kanaan und Ägypten, die durch die Wüste Sinai getrennt waren, miteinander verband. Außerdem lebten auch im Nildelta Israeliten. Manche von ihnen arbeiteten in Goldminen, auf den Baustellen königlicher Bauwerke oder stellten Ziegel her. Israeliten aus wohlhabenden Familien besuchten die Schulen für Schreiber. Die älteste Erwähnung der Israeliten wurde in Ägypten gefunden. Auf einer Stele, die zu Ehren von Pharao Merenptah, dem 13. Sohn von Ramses II., im 8. Jahrhundert v. Chr. angefertigt wurde, ist der Name Israel zum ersten Mal in der Geschichte erwähnt.

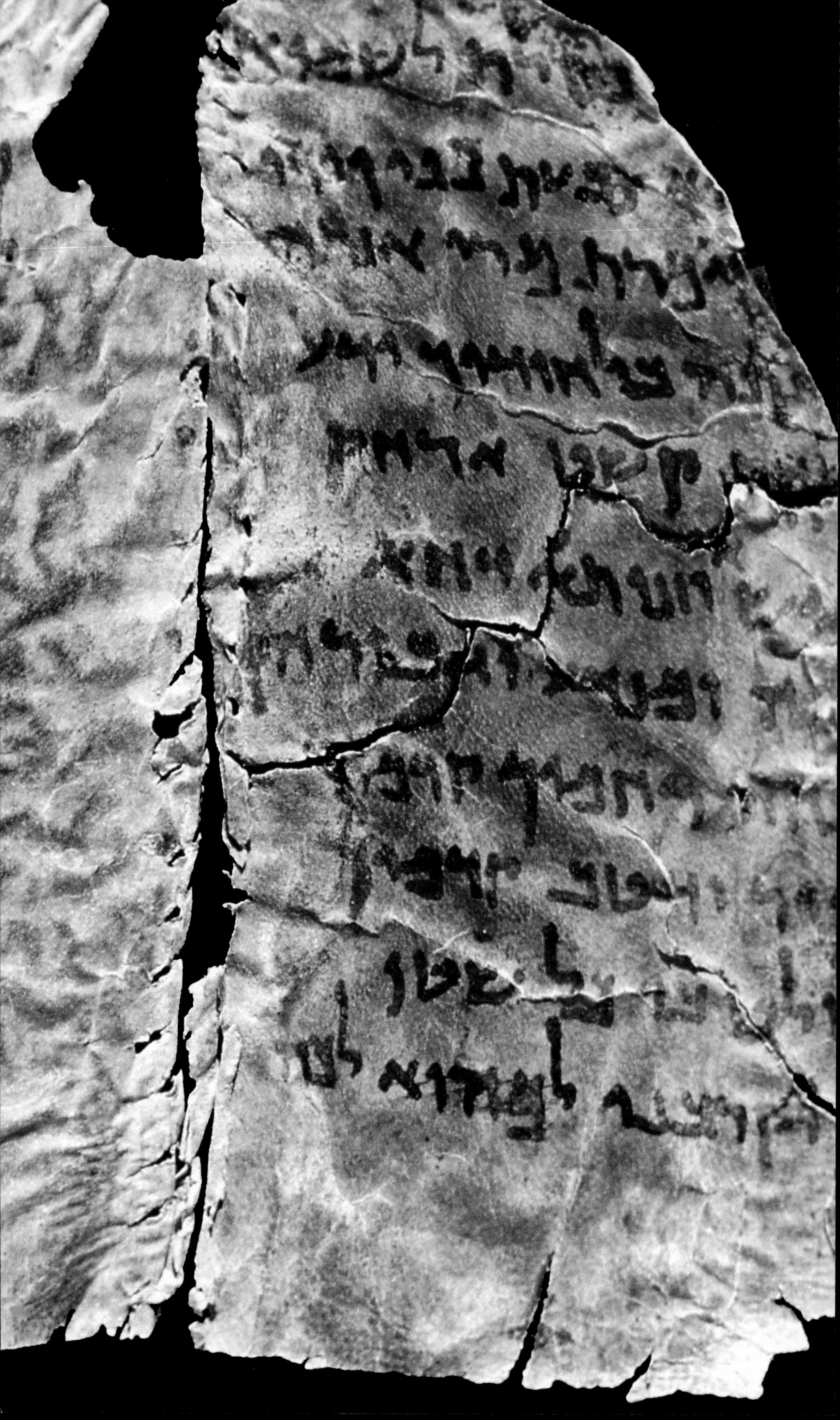

Das Volk Israel

Die Vorfahren der Juden

Der Bibel zufolge schloss um 1800 v. Chr. ein Mann namens Abraham einen Pakt mit Gott. Damit begann die Geschichte des Volkes Israel.

Friedliche Nomaden
Um 2000 v. Chr. lebten in Mesopotamien Nomaden. Nomaden sind Menschen, die mit ihren Herden von Weide zu Weide ziehen. An ihrer Spitze stand ein Oberhaupt, der Patriarch. Zwei Jahrhunderte später wanderten einige Nomadengruppen in den Süden Mesopotamiens ein, der sehr fruchtbar war. Dort ließen sie sich in Ur nieder, einer der wichtigsten Städte der Region. Ur lag in der Nähe der Einmündung der Flüsse Euphrat und Tigris in den Persischen Golf.

Allmächtige Götter
Wie alle Menschen in dieser Zeit verehrten auch sie mehrere Götter. El war der Göttervater und Herr über Himmel und Schöpfung. Seine Gemahlin Ischtar war die Göttin der Fruchtbarkeit und sein Sohn Baal der Gott der Zeit. In der Vorstellung der Menschen waren diese Götter eng mit der Natur verbunden. Sie verehrten sie unter Bäumen, die ihnen heilig waren, oder bauten ihnen Altäre unter freiem Himmel. Sie fertigten kleine Götterstatuen und brachten ihnen Opfer dar.

Diese kleine Statue von Baal, dem Gott der Zeit, wurde in den Ruinen der mesopotamischen Stadt Ugarit gefunden.

Die Bibel, Geschichte des Volkes Israel

Es ist für die Archäologen nicht leicht, die Geschichte des Volkes Israel zurückzuverfolgen. Die meisten Informationen über ihr Leben verdanken wir der Bibel, die ungefähr ab 900 v. Chr. von Israeliten geschrieben wurde. Die Bibel ist mehr als ein Buch. Eigentlich ist sie eine regelrechte Bibliothek. Sie besteht aus mehreren Schriften verschiedener Autoren aus unterschiedlichen Epochen und entstand so im Laufe von zehn Jahrhunderten. Sie war nie als wissenschaftlicher Bericht gedacht, sondern erzählt vom Volk Israel und der Beziehung zwischen Gott und den Menschen.

Diese Statuette aus Mesopotamien stellt Ischtar dar, die Göttin der Fruchtbarkeit.

Ein Ägypter bestraft einen seiner israelitischen Sklaven mit Stockhieben.

Der Patriarch Abraham

Der Bibel zufolge kam Abraham in Ur zur Welt. Eines Tages forderte Gott ihn auf, seine Familie in das Gelobte (versprochene) Land zu führen. So zog Abraham mit den Seinen nach Kanaan, einem fruchtbaren Land zwischen Mesopotamien und Ägypten. Mit seiner Gattin Sara ließ sich Abraham nahe der Stadt Hebron nieder. Hier lebte auch ihr Sohn Isaak und ihr Enkel Jakob, der den Beinamen Israel trug. Jakob hatte zwölf Söhne. Aus ihren Familien gingen die 12 Stämme Israels hervor.

Das Volk Israel in Ägypten

Lange nach dem Tod Jakobs vertrieb eine Hungersnot die Nachkommen Abrahams aus Kanaan. Um 1500 v. Chr. erreichten sie Ägypten und ließen sich im Nildelta nieder. Zunächst lebten sie in Frieden mit den Ägyptern, doch als ihre Zahl immer weiter wuchs, begann der Pharao sie zu fürchten. Er bekämpfte sie und machte sie zu Sklaven.

Moses, eine wichtige Figur der Bibel

In Ägypten gelangte eine neue Dynastie an die Macht. Moses stammte aus dem Volk Israel, war aber von der Tochter des Pharaos aufgezogen worden. Gott und das Elend, in dem sein Volk lebte, veranlassten ihn dazu, es aus ägyptischer Gefangenschaft zu befreien und zurück nach Kanaan zu führen, »in das Land, wo Milch und Honig fließen«. Zuerst wollte der Pharao sie nicht ziehen lassen. Aber als Gott Ägypten von einer Reihe von Plagen heimsuchen ließ, gab der Pharao nach.

Von Ägypten in das Gelobte Land

Um 1200 v. Chr. verließ das Volk Israel Ägypten. Diesen Auszug bezeichnet man als Exodus. Auf der langen Wanderung entwickelte sich die jüdische Religion. Sie wurde die erste monotheistische Weltreligion der Geschichte.

Ein Volk auf Wanderschaft
Die aus Tausenden von Menschen bestehende Karawane drang immer weiter in die Wüste vor. Moses führte sie an und Männer, Frauen, Kinder, Greise und Viehherden folgten. Sie lernten Hunger und Durst, Streit und Verzweiflung kennen, doch all diese Entbehrungen brachten sie noch näher zusammen.

Das geteilte Meer

Auf ihrer Flucht aus Ägypten durchquerte das Volk Israel das Rote Meer, ohne darin zu ertrinken. Moses befahl dem Wasser, sich zu teilen, damit sie hindurchgehen konnten. Der Pharao bereute, sie gehen gelassen zu haben, und schickte seine Armee hinterher. Doch das Rote Meer verschlang die Soldaten. Die Historiker nehmen an, dass das Volk Israel in Wirklichkeit Sümpfe in Meeresnähe durchquerte und die Ägypter mit ihren Streitwagen im Schlamm versanken.

Die Wüste Sinai

Die Gesetzestafeln

Auf dem Sinai, einem Berg inmitten der Wüste, nahm Moses von Gott die Thora entgegen, das Gesetzeswerk. Dazu gehörten die Zehn Gebote, die unter anderem Mord und Diebstahl verboten, aber auch 613 andere Vorschriften. Diese sollten das Leben des Volkes Israel regeln. Die Zehn Gebote wurden in zwei Steintafeln eingemeißelt. Um sie zu tragen, bauten sie die Bundeslade, eine hölzerne Truhe, die später im Tempel von Jerusalem aufgestellt wurde.

Der Anfang der jüdischen Religion

Indem er dem Volk Israel Gesetze gab, zeigte sich Gott seinem Volk und schlug ihm ein Bündnis vor. Er verlangte, dass sie sich von ihren bisherigen Göttern abwenden. Zum ersten Mal verehrte ein ganzes Volk einen einzigen Gott: Jahwe, den Schöpfer des Universums. Daraus entstand die erste monotheistische Weltreligion, das Judentum.

Das Gelobte Land

Vierzig Jahre lang irrten sie durch die Wüste. Moses, der ihnen das Wort Gottes übermittelt hatte, starb vor dem Ende dieser Wanderung im Tal des Flusses Jordan. Schließlich gelangte das Volk Israel nach Kanaan und wurde dort sesshaft. Sie beschlossen, in diesem Land zu bleiben, das Gott dem Patriarchen Abraham gelobt, also versprochen hatte.

❶ Von Moses angeführt, flüchtet das Volk Israel aus Ägypten.

❷ Der Pharao und seine Armee verfolgen sie.

❸ Auf dem Berg Sinai, inmitten der Wüste, empfängt Moses von Gott die Gesetzestafeln.

❹ Nach 40-jähriger Wanderung durch die Wüste erreichen sie endlich das Land Kanaan.

Gründung eines Reiches

Nach der Wanderung durch die Wüste ließ sich das Volk Israel in Kanaan nieder. Hier gründete ihr König David ein mächtiges Reich und die Stadt Jerusalem. Heute beherbergt Jerusalem die heiligen Stätten dreier Religionen.

Einzug in Kanaan
Als das Volk Israel Kanaan erreichte, lebten dort zwei Völker. Eines davon waren die Kanaaniter, die von Landwirtschaft, Fischerei und Handwerk lebten. Ihre Sprache war mit dem Hebräischen verwandt, der Sprache des Volkes Israel. Dies erleichterte die Verständigung. Das andere Volk waren die Philister, das »Volk vom Meer«. Sie hatten in einer fruchtbaren Ebene nahe dem Mittelmeer Städte gegründet und wollten ihr Territorium vergrößern. Zwischen Philistern und Israeliten sollte es oft Krieg geben.

Jerusalem, Hauptstadt eines Reiches
Um 1010 v. Chr. wurde David König der Juden. Ihm gelang die Eroberung und Vereinigung Kanaans, dessen Territorium dem heutigen Israel und Palästina entspricht. Sein Reich wurde bald mächtig. Nach einem Enkel Abrahams erhielt es den Namen Israel. Zur Hauptstadt erwählte David Jerusalem, das damals nur eine kleine Siedlung war. Seine israelitischen Bewohner waren Kaufleute und Handwerker.

Die Vertreibung der Juden

Im 1. Jahrhundert n. Chr. wurden die Israeliten, inzwischen auch Juden genannt, von den Römern aus Palästina vertrieben. Sie zogen in die Fremde, die »Diaspora«, und ließen sich in Städten rings um das Mittelmeer nieder. Im Laufe der Zeit wanderten viele nach Afrika, Europa und später, im 20. Jahrhundert, auch in die USA aus. Oft fanden sie sich zu Gemeinschaften zusammen, in denen sie ihre Religion, ihre Sprache, das Hebräische, und ihre Bräuche pflegten.

Der Tempel von Jerusalem
Nachfolger Davids wurde sein Sohn Salomon. Er ließ einen Tempel errichten, um darin die Bundeslade unterzubringen. Den Raum, in dem sie verwahrt wurde, nannte man das Allerheiligste. Ein einziger Priester, Levit genannt, durfte diesen Raum einmal im Jahr betreten.

Die Klagemauer in Jerusalem ist alles, was von dem im 10. Jahrhundert v. Chr. erbauten Tempel übrig blieb. Auch heute noch halten Pilger aus aller Welt hier ihre Andacht.

Vor dem Tempel brachte das Volk Israel Opfer dar. Jerusalem wurde zum religiösen Zentrum des Reiches und zur heiligen Stadt.

Ein geteiltes Reich

932 v. Chr. wurde das Reich Israel gespalten. Nur noch zehn Stämme bildeten das Reich Israel, während zwei andere das südlich gelegene Juda gründeten. Später entstand aus seinem Namen die Bezeichnung »Jude«. Ab dem 6. Jahrhundert v. Chr. fielen nacheinander Assyrer, Babylonier, Perser, Griechen und schließlich die Römer in das Gebiet ein. Die Römer nannten es Palästina, »Land der Philister«. Hier in Palästina wurde später Jesus geboren und hier gründete er eine neue Religion, das Christentum.

Die Religion der Israeliten

Zu Ehren ihres Gottes hielten sich die Israeliten an bestimmte Regeln. Sie beteten morgens und abends. Jede Woche verbrachten sie einen Tag, der Freitagabend begann und Samstagabend endete, mit Ruhe und Gebet. Dies war der Sabbat. Zum Begehen des Sabbats gehörten bestimmte häusliche Bräuche und der Besuch des Gottesdienstes.
An bestimmten Tagen im Jahr erinnerten Feste an Ereignisse in der jüdischen Geschichte. Eines der wichtigsten war Pessach. Zur Erinnerung an den Auszug der Israeliten aus Ägypten aßen sie Lammfleisch und ungesäuertes Brot.

❶ Nach der Eroberung Kanaans machten die Israeliten Jerusalem zu ihrer Hauptstadt.

❷ In der Regierungszeit König Salomons besuchten regelmäßig viele Pilger den Tempel von Jerusalem.

❸ Vor dem Tempel brachten die Gläubigen Gott ihre Opfer dar.

❹ Zum Pessachfest aß die ganze Familie Lammfleisch und dünne Fladen ungesäuerten Brotes.

Noch mehr Infos

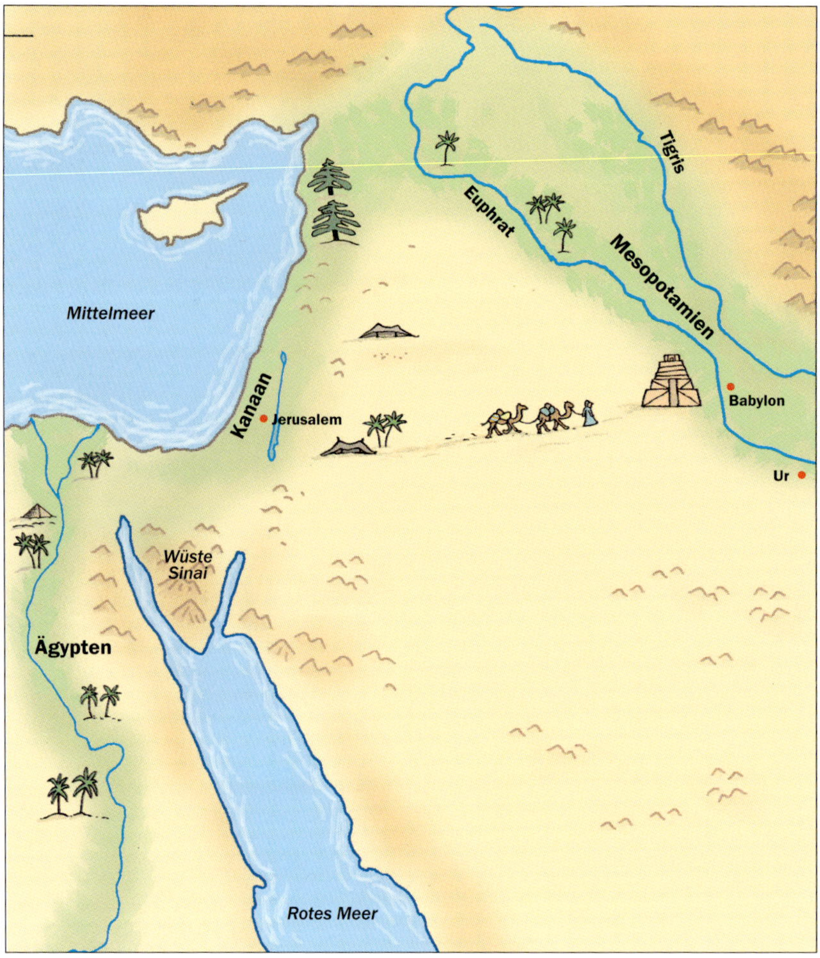

Das Volk des Buches
Die Israeliten werden auch Volk des Buches genannt, denn die Thora, Grundlage ihrer Religion, ist Teil der Bibel. Sie enthält die Gebote der jüdischen Religion.

Die Sintflut und die Arche Noah
Diese Geschichte zählt zu den bekanntesten der Bibel. Sie erzählt von einer katastrophalen Überschwemmung Mesopotamiens im 4. und 3. Jahrtausend v. Chr. Noah wurde der biblischen Überlieferung nach von Gott auserwählt und vorgewarnt. Er rettete mit seiner Arche nicht nur seine Familie, sondern auch viele Tiere.

David gegen Goliath
David ist einer der berühmtesten Helden der Geschichte Israels. Als junger Hirte tötete er, nur mit einer Schleuder bewaffnet, den riesenhaften Philister Goliath, der die Israeliten in Angst und Schrecken versetzt hatte. Später wurde David zum König gekrönt.

Einfache Bauern
In Kanaan bauten die Israeliten Gerste, Weizen, Olivenbäume, Wein sowie Feigen, Granatäpfel und anderes Obst an. Sie hielten Schafe und Ziegen, lebten bescheiden und stellten ihr Werkzeug selbst her. Ihre derbe Kleidung erinnerte an die der Nomaden.

Die Schriftrollen vom Toten Meer
1947 machten Beduinen eine sagenhafte Entdeckung. In einer Grotte in Judäa fanden sie zufällig Tonkrüge, die Schriftrollen enthielten. Manche Texte sind Auszüge aus der Bibel, die im 1. Jahrhundert v. Chr. abgeschrieben wurden. Andere schildern die Entstehung des Christentums. Dies sind die ältesten Kopien der Bibel. Die ursprünglichen Bibeltexte sind verschollen.

Ein Symbol des Lichts
Die Menora zählt zu den ältesten jüdischen Kultobjekten. Auf den siebenarmigen Leuchter werden sieben Kerzen aufgesteckt, die für die Tage der Woche stehen. Heute gilt die Menora weltweit als Symbol des jüdischen Glaubens und des jüdischen Volkes.

Der Davidstern
In der Antike verzierte dieser sechszackige Stern Bauwerke.

Im 17. Jahrhundert wurde er zum Symbol der jüdischen Gemeinschaft. Im 20. Jahrhundert demütigten die Nationalsozialisten die Juden, indem sie sie zwangen, einen Stern aus gelbem Stoff an der Kleidung zu tragen. Heute schmückt der Davidstern die Fahne Israels.

Der Tempel von Jerusalem
Um 900 v. Chr. ließ König Salomon in Jerusalem einen Tempel erbauen. Er war das Haus Jahwes und einzige Andachtsstätte Israels. 587 v. Chr. wurde er zerstört. Ein zweiter Tempel entstand unter der Herrschaft des Perserkönigs Cyrus. Der von den Römern eingesetzte König Herodes der Große ließ ihn verschönern und erweiterte ihn um einen Vorplatz, den größten der antiken Welt.

Die Klagemauer
70 n. Chr. erhoben sich die Juden gegen die römischen Eroberer. Kaiser Titus und seine Armee zerstörten Jerusalem und setzten den von Perserkönig Cyrus wiedererbauten Tempel in Brand. Später versammelten sich die Juden an der einzigen Mauer, die vom Tempel übrig geblieben war. Weil sie hier nicht nur beteten, sondern auch weinten, nannten sie sie die Klagemauer.

Jerusalem, die heilige Stadt
Heute ist Jerusalem sowohl für Juden als auch für Christen und Muslime heilig. Neben der Klagemauer, der Gebetsstätte der Juden, befinden sich hier auch die Grabeskirche mit dem Grab Christi und der Felsendom, die nach Mekka und Medina drittwichtigste heilige Stätte des Islams.

Der Patriarch Abraham
Juden, Christen und Muslime haben einiges gemeinsam. Sie alle glauben an einen einzigen Gott und sehen Abraham als ihren Vorfahren an. Darum bezeichnet man alle drei auch als abrahamitische Religionen.

Reine und unreine Speisen
Die jüdische Religion untersagt den Gläubigen den Genuss bestimmter Nahrungsmittel, darunter Schweinefleisch und Muscheln. Sie gelten als unrein. Lammfleisch, Eier, bestimmte Fische und Früchte sind dagegen erlaubt, vorausgesetzt, sie werden nach bestimmten Regeln produziert und zubereitet. Diese Regeln wurden in der Antike festgelegt. Reine Speisen bezeichnet man als koscher.

Jahwe, der Gott ohne Bildnis
Vom jüdischen Gott Jahwe gibt es keine Bilder oder Statuen. Eines der Zehn Gebote untersagt, sich ein Bild von Gott zu machen.

Jüdische und arabische Kaufleute
In der Antike lebten Juden und Araber friedlich zusammen. Manche Juden ließen sich in arabischen Ländern an den Kreuzungspunkten der großen Karawanenstraßen nieder und handelten ebenso wie arabische Kaufleute mit Myrrhe und Weihrauch.

Das Leben der Frauen
Ebenso wie viele andere Frauen in der Antike kümmerten sich auch die Israelitinnen um die Hausarbeit. Sie gingen Wasser holen, backten Brot, töpferten, webten Kleidung aus Wolle und zogen die Kinder auf. Im Judentum spielen sie allerdings eine wichtige Rolle, denn Jude kann nur derjenige sein, der eine jüdische Mutter hat.

Das erste gedruckte Buch
Die Bibel ist nicht das älteste Buch der Welt. Doch sie spielte in der Geschichte eine wichtige Rolle und war das erste Buch, das Gutenberg um 1450 druckte.

Kannten die Israeliten die Griechen?

Ja. Durch die Eroberungen Alexanders des Großen 332 v. Chr. kam Judäa unter griechische Herrschaft. Manche Juden übernahmen damals griechische Bräuche, andere ließen sich in Alexandria in Ägypten nieder. Unter ihnen waren auch Gelehrte, die mehrere Sprachen beherrschten und die ersten Exemplare der Bibel ins Griechische übersetzten. Die Beziehungen zwischen den Griechen und den Juden waren aber nicht immer gut. Ein griechischer Herrscher z. B. verbot in Judäa die Ausübung der jüdischen Religion und brachte seinem obersten Gott Zeus im Tempel von Jerusalem Opfer dar.

Die Griechen

Geheimnisvolles Kreta

Zwischen 2100 und 1400 v. Chr. entwickelte sich auf der Mittelmeerinsel Kreta eine neue Hochkultur. In späteren Jahrhunderten geriet ihre Geschichte in Vergessenheit. Erst ab 1900 ermöglichten archäologische Funde, die Kreter besser kennenzulernen. Sie waren die Vorfahren der Griechen.

Städte der Ägäis

1894 begann der Brite Sir Arthur Evans seine Ausgrabungen auf Kreta. Dabei entdeckte er drei Paläste und zwei Städte, die Zeugnis von einer hoch entwickelten Kultur ablegten. Evans nahm an, dass im Palast von Knossos, dem größten Palast, der sagenumwobene König Minos gelebt habe. Tatsächlich weiß man bis heute nicht, wer in den kretischen Palästen wohnte. Alle waren fern der Städte errichtet worden und besaßen keine schützenden Mauern. Es ist unklar, ob das Meer wirklich ihr einziger Schutz war.

Fresken und andere Kunstschätze

Die Mauern des Palasts sind mit bunten Fresken verziert. Sie stellen Frauen, Blumen, Prozessionen und Akrobaten dar. In Knossos entdeckten die Archäologen Lagerräume voller Krüge mit Öl und Getreide. Außerdem fanden sie Schmuck, Waffen und kleine Statuen von Göttern, die Schlangen oder Tauben hielten. Diese Objekte aus Gold, Bronze, Stein oder Ton lassen erkennen, dass ihre Schöpfer große Künstler waren.

Zwei kretische Adelige

Rekonstruktion eines Freskos im Palast von Knossos

Die Sage vom Minotaurus

Einst soll im Labyrinth von Knossos das Ungeheuer Minotaurus gelebt haben. Es war halb Mensch, halb Stier. Alle neun Jahre wurden ihm von König Minos junge Athener geopfert. Theseus, der Sohn des Königs von Athen, besiegte den Minotaurus. Ariadne, die Tochter von König Minos, hatte ihm ein Wollknäuel gegeben, mit dessen Hilfe er den Weg durch das Labyrinth fand.

Dieser Stierkopf ist ein »rhyton« genannter Trinkbecher und innen hohl. Die Hörner sind aus vergoldetem Holz und die Augen aus Bergkristall.

Bauern und Fischer

Die Kreter lebten von Landwirtschaft und Fischfang. Die Bevölkerung verteilte sich auf kleine Städte. Zum ersten Mal in Europa entstanden geplante Städte mit verschiedenen Vierteln, gepflasterten Straßen, öffentlichen Plätzen und einer Kanalisation.

Die Zerstörung des Palasts

Um 1750 v. Chr. zerstörte ein Erdbeben die Paläste, die danach wieder aufgebaut wurden. 300 Jahre später erlebte Kreta eine weitere Katastrophe. Auf der Insel Santorin brach ein Vulkan aus. Es entstanden Flutwellen, die auch Kreta erreichten. Nur der Palast von Knossos stürzte nicht ein. Dennoch verließen ihn seine Bewohner. Möglicherweise litt Kreta nun auch unter der Herrschaft fremder Eroberer, wie der Mykener, die um 1375 v. Chr. vom Festland herüberkamen.

Ein Fest im Hof des Palasts

In Knossos findet ein wichtiges religiöses Fest statt. Die Kreter sehen bei ihrem Lieblingsschauspiel dem Stiersprung zu.

Die ersten Griechen, die Mykener

Um 2000 v. Chr. erreichte ein aus dem Süden des heutigen Russlands stammendes Volk Griechenland. Es vermischte sich mit anderen Völkern und ließ sich im Süden nieder. Man nannte diese Menschen die Achäer oder Mykener, nach ihrer Siedlung Mykene.

Als hätten Riesen diese Festungen erbaut

Um 1300 v. Chr. erbauten die Achäer befestigte Siedlungen. Mykene, die größte, lag auf einem Hügel. Wenn sich Feinde näherten, flüchtete die Bevölkerung hinter ihre Mauern. Über der Festung thronte ein Palast. Seine Mauern waren so hoch und dick, dass die Griechen dachten, Riesen hätten sie erbaut.

Das Löwentor

Zwei Löwinnen aus Stein bewachen den Eingang zur Festung. Der Steinblock, in den sie gehauen sind, ist so schwer wie ein Eisenbahnwaggon.

Luftbild von Mykene

❶ Die Wasserzisterne war 10 m tief und wurde durch eine Quelle gespeist. Bei Belagerungen stellte sie die Wasserversorgung sicher.
❷ Das Löwentor
❸ Die kleinen Häuser standen dicht an dicht.
❹ Die beeindruckende, etwa 6 m breite Steinmauer
❺ Der Palast auf der Hügelkuppe
❻ Der Innenhof des Palasts
❼ Die Lagerräume auf der Rückseite des Palasts
❽ Schachtgräber
❾ Das Viertel der Handwerker. Sie bearbeiteten Bronze, Ton, Gold und Leder.

Ein König als Herrscher
Die Mykener benutzten eine Schrift, die sie von den Kretern übernommen hatten. Forscher entschlüsselten mykenische Texte und erfuhren einiges über diese Menschen und ihre Kultur. Jede mykenische Stadt war unabhängig und wurde von einem König regiert, dem ein Oberkommandant zur Seite stand. Priester und Priesterinnen kümmerten sich um die heiligen Städten. Der König hatte Sklaven, die ihn bedienten, aber die Mehrheit der Mykener waren freie Bauern, Handwerker und Kaufleute.

Eroberer
Mit der Zeit breiteten sich die Mykener immer weiter über Griechenland aus. Sie sollen sogar die in der heutigen Türkei gelegene Stadt Troja belagert haben. Auch aufs Meer wagten sie sich und fuhren bis Sizilien und Ägypten. Ihre Krieger waren mit Dolchen und Speeren bewaffnet. Die Vornehmen und Anführer unter ihnen trugen Helme und Bronzerüstungen, deren Platten beweglich verbunden waren. In der Schlacht kämpften sie von Kriegswagen aus.

Ein frommes Volk
Die mykenische Religion war der Vorläufer der griechischen. Durch Listen von Opfergaben wissen wir, dass auch sie die späteren griechischen Götter Zeus, Hera, Poseidon und Athene verehrten, daneben aber auch Bäume und Berge. Die Grundrisse mykenischer Paläste ähneln denen der griechischen Tempel.

»Agamemnons Totenmaske«
Als der deutsche Archäologe Heinrich Schliemann in einem Schachtgrab in Mykene diese goldene Maske entdeckte, hielt er sie für die Totenmaske des sagenumwobenen Königs Agamemnon. Tatsächlich ist sie älter und wurde für einen anderen König gefertigt.

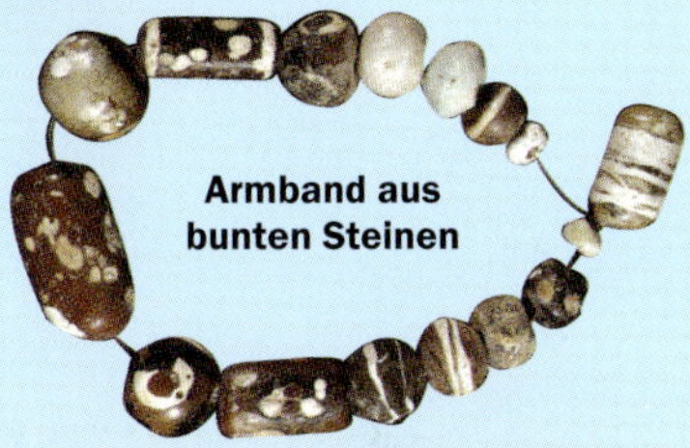

Armband aus bunten Steinen

Beeindruckende Gräber

1

2

Die Mykener legten für ihre Herrscher große Gräber an. Man unterscheidet zwischen Schachtgräbern (1), die in den Fels gehauen wurden, und Kuppelgräbern (2). Bei Letzteren führt ein langer Gang in eine große Grabkammer mit Kuppeldach. Außen sind sie mit Erde bedeckt. Die Archäologen fanden in ihnen die sterblichen Überreste von Männern, Frauen und Kindern, aber auch kostbare Gegenstände wie Masken und Vasen aus Gold, Schwerter und Schmuck.

Kleine Götterstatuen aus Ton

Der Niedergang Mykenes
Um 1100 v. Chr. zerstörten Erdbeben und Angriffe der aus dem Norden eindringenden Dorer Paläste, Städte und Tempel der Mykener. Schließlich ließen sich die Dorer auf der Halbinsel Peloponnes nieder. Auch andere Völker bahnten sich kämpfend und plündernd ihren Weg zum Mittelmeer und siedelten an seiner Küste. Über die nachfolgende Periode wissen wir wenig. Geschichtsforscher bezeichnen diesen Abschnitt als das »dunkle Zeitalter«.

Ein Volk von Seefahrern

Ab dem 9. Jahrhundert v. Chr. gründeten verschiedene Völker auf dem Gebiet des heutigen Griechenlands befestigte Küstenstädte. Es entwickelte sich ein reger Austausch von Handelswaren. Mit der Zeit wagten sich die Griechen entlang der Küste immer weiter vor und besiedelten neue Gebiete.

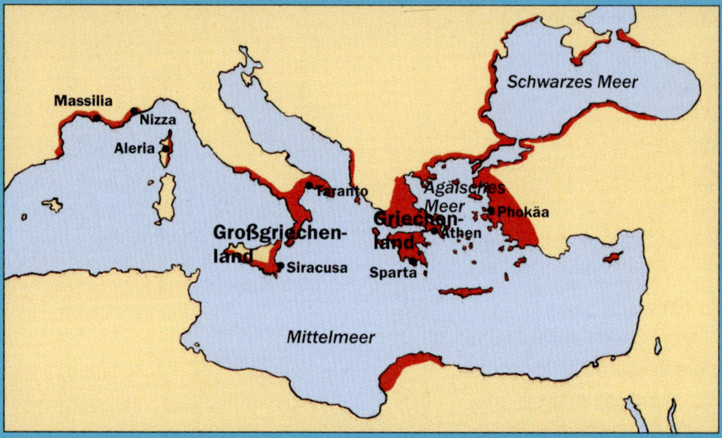

Die griechischen Kolonien entstanden ab dem 8. Jahrhundert v. Chr.

Familienverbände
Nach dem Untergang von Mykene wurden einige Regionen Griechenlands von ihren Bewohnern verlassen. Einige Völker, darunter die Eolier, die Dorer und die Ionier, zogen weiter. Ein Teil von ihnen siedelte sich im Norden und im Zentrum des Festlands an. Andere setzten auf die Inseln über oder überquerten das Ägäische Meer und ließen sich in der heutigen Türkei nieder. Sie lebten in Familien und Gemeinschaften unter der Herrschaft eines Oberhaupts zusammen.

Die Geburt der Städte
Diese Völker gründeten unabhängige, »polis« genannte Stadtstaaten. Sie bestanden jeweils aus einer kleinen Stadt und den umgebenden Feldern und Weiden. Um 800 v. Chr. gab es bereits an die hundert davon. Manche wurden von Herrschern regiert, die ihr Amt geerbt hatten, den Oligarchen. In anderen herrschte ein Tyrann, der die Macht an sich gerissen hatte. Diese Städte führten häufig gegeneinander Krieg, obwohl sie eine gemeinsame Religion und Sprache hatten und ihre Abstammung von den gleichen mythischen Helden herleiteten.

Das Alphabet
Um 800 v. Chr. führte der Handel zu einer wichtigen Bereicherung der griechischen Kultur. Die Griechen übernahmen das Alphabet der Phönizier und ergänzten es um Buchstaben für die Vokale und einige andere Laute. Sie verbreiteten ihr Alphabet im gesamten Mittelmeerraum. Später übernahmen es auch die Römer und veränderten es. Das griechische Alphabet ist der Vorläufer unseres Alphabets.

Die Gründung von Kolonien
Um 750 v. Chr. begannen die Griechen, ihre Städte zu verlassen und neues Land zu suchen. Bevölkerungswachstum, Armut und bessere Handelsbedingungen veranlassten sie dazu, sich ins Unbekannte zu wagen. Sie hofften, in fremden Gebieten bessere Lebensbedingungen vorzufinden. So

gründeten die Griechen an den Küsten des Mittelmeers und des Schwarzen Meers zahlreiche neue Siedlungen, die Kolonien. Hier verehrten sie dieselben Götter wie zu Hause und behielten auch die gewohnte Lebensweise bei.

In der Ferne
Die Kolonien wurden immer zahlreicher. Die Korinther gründeten Siracusa auf Sizilien, die Spartaner Taranto in Süditalien. Die Phokäer wagten sich am weitesten fort und gründeten in Gallien, Spanien und auf Korsika Städte. Ihre Schiffe waren eigens für die Küstenschifffahrt gebaut und wurden von 50 Ruderern angetrieben. Diese Pentekontoren genannten Schiffe waren die Vorläufer der Trieren, schneller Kriegsschiffe mit 170 Ruderern.

Großgriechenland
Die Auswanderungswelle brach nicht ab. Um 500 v. Chr. lebten in Süditalien und auf Sizilien so viele Griechen, dass dieser Teil des Mittelmeerraums die Bezeichnung »Großgriechenland« erhielt.

Zunahme des Handels
Der Handel zwischen Griechenland, seinen Kolonien und anderen Völkern wurde immer intensiver. Griechenland führte aus Britannien und Spanien Zinn ein, aus Sizilien und Ägypten Weizen und aus Zypern Kupfer. In Ägypten tauschten Griechen außerdem Wein und Öl gegen Elfenbein, Gewürze, Holz, Gold und Sklaven ein. Um den Handel zu erleichtern, prägten die griechischen Städte Münzen.

Es gab 4 verschiedene Münzen: Talent, Mine, Drachme und Obolus. Ein Talent war die höchste Münze, sie entsprach 60 Minen. Eine Mine war wiederum 100 Drachmen wert und eine Drachme entsprach 6 Obolussen. Ein Obolus war die niedrigste Münze.

Im Frühjahr stachen die Handelsschiffe in See. Sie waren klein und rundlich, mit rechteckigem Segel. Sie wurden mit zwei großen Rudern am Heck gelenkt und waren schwer zu manövrieren.

Die griechische Kolonie Marseille

Phokäer segelten über 2000 km weit, um neue Gebiete zu erkunden. Später holten sie ihre Familien nach. Um 600 v. Chr. gründeten sie die Kolonie Massilia, das heutige Marseille, das somit die älteste Stadt Frankreichs ist. Sie bauten einen Hafen und wurden als seefahrende Kaufleute reich.

Die Heldensagen Ilias und Odyssee

Die *Ilias* und die *Odyssee* sind zwei lange Gedichte. In einer Mischung aus Wahrheit und Fantasie erzählt ihr Schöpfer Homer, der im 9. oder 8. Jahrhundert v. Chr. lebte, die sagenhaften Taten griechischer Helden.

Weitererzählt und aufgeschrieben
Lange Zeit wurden die Gedichte Homers in Griechenland immer wieder erzählt und die Menschen kannten sie auswendig. Töpfer verzierten mit Szenen aus diesen Gedichten Vasen und Teller. Im 6. Jahrhundert v. Chr. wurden die Gedichte dann aufgeschrieben. Seitdem begeisterten sie Millionen von Lesern. *Ilias* und *Odyssee* zählen zu den ältesten aufgeschriebenen Werken der Welt.

Wo liegt bloß dieses Troja?

Der Deutsche Heinrich Schliemann begeisterte sich für Homers Heldengedichte und träumte davon, anhand der Beschreibungen des Dichters die Stadt Troja zu finden. 1871 nahm er dort Grabungen vor und stieß tatsächlich auf Überreste einer Siedlung. Für ihn bestand kein Zweifel daran, dass es sich um Troja handelte. Heutige Archäologen sind sich da nicht mehr so sicher. Die Grabungen werden fortgesetzt.

Der Trojanische Krieg
In der *Ilias* und am Anfang der *Odyssee* wird vom Trojanischen Krieg erzählt. Der Trojaner Paris entführte Helena, die Gattin von Menelaos, König von Sparta. Um sich zu rächen, belagerte der König mit seinen griechischen Verbündeten Troja. In dem zehn Jahre dauernden Krieg wendeten sie verschiedene Tricks und Strategien an, um Troja zu erobern. Schließlich bauten die Griechen ein riesiges Holzpferd, um sich in dessen Bauch versteckt in die Stadt schmuggeln zu lassen. Sie zerstörten die Stadt, und Menelaos holte Helena zurück.

Die Helden des Trojanischen Krieges

Die Abenteuer des Odysseus
In der *Odyssee* geht es um die Heimkehr der Helden nach Ende des Trojanischen Krieges, besonders um die Rückkehr von Odysseus nach Ithaka. Auf seiner langen Reise durch das Mittelmeer erlebte er zahlreiche Abenteuer, die er nur dank Kraft, Intelligenz, List und Mut zu bestehen vermochte. Die schwerste Prüfung erwartete ihn an seinem Ziel. Da man ihn für tot hielt, sollte seine Gattin Penelope wieder heiraten.

Reproduktion einer Vasenmalerei

❶ Halb Frauen, halb Vögel: Die Sirenen versuchten, Odysseus und seine Männer durch ihren Gesang zu verzaubern und das Schiff zu versenken.
❷ Tamburin
❸ Lyra
❹ An den Mast gefesselt, lauscht Odysseus dem Sirenengesang.
❺ Die Seeleute fahren weiter.

Sie veranstaltete einen Wettbewerb, den der als Bettler verkleidete Odysseus gewann. Er tötete alle, die ihn verraten hatten, und konnte endlich wieder mit seiner Frau in seinem Königreich leben.

Sage oder Wahrheit?

Der Trojanische Krieg und die Abenteuer des Odysseus sind nicht nur spannende Märchen. Man nimmt an, dass sich Homer an älteren Dichtern orientierte und Ereignisse aus der Vergangenheit verarbeitete. Die Helden des Trojanischen Krieges, von denen die *Ilias* erzählt, erinnern an die Mykener, die um 1300 v. Chr. lebten. Sie trugen Helme und Bronzerüstungen aus beweglich verbundenen Platten, wie die Archäologen sie in Gräbern fanden.

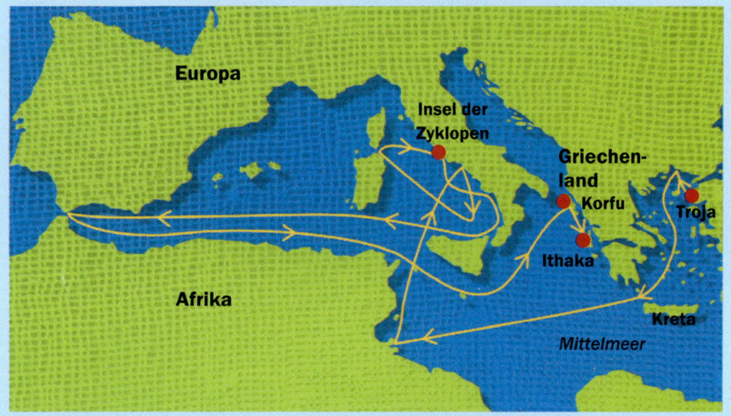

So soll die Reise des Odysseus durch das Mittelmeer nach Homer verlaufen sein. Seit Jahrhunderten versuchen Geografen, Historiker und Seefahrer den Spuren des antiken Helden zu folgen, um die von Homer beschriebenen Orte zu finden.

Büste von Homer

Der Überlieferung zufolge war Homer ein alter, blinder und sehr angesehener Mann. Viele Menschen hörten ihm zu, wenn er die *Ilias* und die *Odyssee* vortrug.

Eine gefährliche Reise

Der Zyklop Polyphem sperrt Odysseus und seine Gefährten in der Höhle ein.
Er hat einen schweren Felsblock davorgerollt.
Wir werden eine List anwenden.
Odysseus spitzt einen Holzstock zu.
Das wird eine furchtbare Waffe!
Der Zyklop kehrt zurück und betrinkt sich.
Als er fest schläft, sticht Odysseus ihm das Auge aus.
Ich bin blind!
Vergiss nicht meinen Namen! Ich heiße Niemand.
Auf Polyphems Schreie hin eilen andere Zyklopen herbei.
Wer hat dich verletzt?
Niemand war es.

Am nächsten Morgen verstecken sich Odysseus und seine Männer unter den Schafen und entkommen.
Könnten meine Schafe reden, dann würden sie mir sagen, wo Niemand sich versteckt.
Die Rückkehr zum Schiff glückt.
Lichtet den Anker!
Zyklop, du sollst wissen, dass ich Odysseus aus Ithaka bin.
Die Reise geht weiter. Sie kommen in das Gebiet der gefährlichen Sirenen.
Ich habe einen Plan, der uns retten könnte!
Auf seinen Befehl hin fesseln sie Odysseus an den Mast.
Alle außer ihm verstopfen sich die Ohren mit Wachs.
Plötzlich erklingt ein melodischer Gesang.
FLAP! FLAP! FLAP!

Es sind die Sirenen. Wer ihren Gesang hört, wird verhext. Lange hört Odysseus ihnen zu.
Sie wollen uns in die Irre führen. Zum Glück bin ich an den Mast gebunden.
Krieger, hört uns zu, lauscht unseren süßen Liedern ...
Odysseus hält es nicht mehr aus. Er versucht, sich loszureißen.
Ich kann nicht widerstehen!
Endlich verstummen die Sirenen. Ihm ist, als hätte er geträumt.
Sie konnten uns nicht vernichten.
Eines Tages erreicht Odysseus alleine die Insel Korfu.
Alle meine Gefährten sind tot.
Ich helfe dir, nach Hause zu kommen.
Er geht in Ithaka an Land.
Endlich, nach 20 Jahren, sehe ich Penelope und meinen Sohn Telemach wieder.

Die Sage vom Trojanischen Pferd

Die Trojaner haben das große Holzpferd in ihre Stadt geholt. Sie glauben, es sei ein Geschenk der Griechen ...

Odysseus hatte die Idee, der griechische Architekt Epeos führte sie aus. Das Holzpferd ist so hoch »wie ein Berg« und mit Tannen- und Fichtenbrettern verkleidet.

Um den Hals des Pferdes sind Seile geschlungen. Diese wurden aus Hanffasern hergestellt.

Die Trojaner schieben unter das Pferd Rundhölzer, um es in die Stadt rollen zu können.

Der Gefangene Sinon, der aus dem Lager der Griechen geflohen ist, berichtet, dass das Pferd ein Geschenk der Griechen sei. Es ist der Göttin Athene geweiht.
König Priamus
Eine Priesterin begleitet mit ihrem Gesang das Pferd in die Stadt.
Ein Trojaner schleudert seinen Speer auf das Pferd. Er möchte sich so vergewissern, dass das Innere des Pferdes leer ist.

Um das Pferd in die Stadt zu holen, hatten die Trojaner Teile der Mauern abgetragen.
Die griechische Verstärkung war nur scheinbar geflohen. In Wirklichkeit hatten sich die Männer in ihren vor Troja ankernden Schiffen versteckt.
Die Griechen legen Feuer, um Troja niederzubrennen.

... doch nach Einbruch der Nacht klettern die Griechen heraus.
Im hohlen Bauch des Pferdes haben sich griechische Soldaten und Anführer versteckt, darunter auch Menelaos, der Gatte der Helena.
Die Griechen stehlen die Tempelschätze.
Der Verräter Sinon lässt die Griechen heraus.
Odysseus ist der listigste unter den Griechen und ein mutiger Kämpfer.

Athen, eine mächtige Stadt

Nach dem Sieg über die eindringenden Perser herrschte Athen im 5. Jahrhundert v. Chr. über eine große Zahl griechischer Städte. Die Stadt wurde verschönert und nahm zahlreiche Künstler und Philosophen auf. Unter dem Staatsmann Perikles entstand eine neue Regierungsform, die Demokratie.

Geburt eines Reiches

Im Jahr 490 v. Chr. griffen die von Norden her eingedrungenen Perser die Griechen in der Ebene von Marathon an, wurden aber zum Meer hin zurückgedrängt. Zehn Jahre später wagten sie einen neuen Angriff, der jedoch fehlschlug. Aus diesen Konflikten ging Athen, das die meisten Soldaten gestellt hatte, siegreich und mächtig hervor. Es übernahm die Leitung eines Städtebundes, kontrollierte allmählich dessen Wirtschaft und bald auch die Politik.

Im Schutze der Mauern

Athen entwickelte sich zur Herrscherin über die Region Attika. Damals bestand Athen aus der eigentlichen Stadt, mehreren Dörfern und dem Hafen Piräus. Eine neun Kilometer lange Mauer schützte die Stadt und ihre ungefähr 300 000 Einwohner. Mittelpunkt des öffentlichen Lebens bildeten der Marktplatz, Agora genannt, und die Akropolis, der heilige Berg.

Athener Münze

Die Bürger regieren die Stadt

Die Athener Bevölkerung zerfiel in mehrere Gruppen, die nicht die gleichen Rechte hatten. Bürger konnten nur Männer aus Athener Familien sein. Alle Bürger, ob arm oder reich, waren frei und besaßen politischen Einfluss. Als Mitglieder der Volksversammlung beschlossen sie Gesetze, organisierten Feste und entschieden über Krieg und Frieden. In Athens Kriegen kämpften alle Bürger als Soldaten mit.

Ansicht der Akropolis

»Akropolis« ist die Bezeichnung für eine Festung oberhalb der Stadt. Die Akropolis von Athen lag in 156 m Höhe. In der Ferne erkennt man ihren eindrucksvollsten Tempel, den Parthenon.

Marmorbüste des Perikles

Die Frauen, die Hüterinnen des Hauses

Die Ehefrauen der Bürger waren frei, durften sich aber weder an der Politik noch am öffentlichen Leben beteiligen. Sie kümmerten sich um den Haushalt und die Familie.

Ausländer und Sklaven

Alle, die von außerhalb kamen, wurden Metöken genannt. Sie waren keine Bürger und konnten nicht wählen. Die Sklaven stellten zwar die größte Bevölkerungsgruppe dar, hatten aber keinerlei Rechte. Sie waren Eigentum eines Herrn, der sie freilassen konnte, wenn er es wünschte.

Der Politiker Perikles

In dieser Zeit war Perikles der wichtigste Mann in Athen. Er verwaltete die Stadt 30 Jahre lang und förderte die Demokratie. Vor allem ermöglichte er den armen Bürgern, am politischen Leben teilzunehmen. 429 v. Chr. starb er an der Pest.

Stadt der Künste

Unter Perikles war Athen ein Zentrum der Philosophie, der Bildhauerkunst und Wissenschaft. Auf der Akropolis entstanden zahlreiche Bauwerke und Statuen.

Athens Demokratie

Athen war die Geburtsstadt der Demokratie. Das Wort setzt sich zusammen aus »demos«, Volk, und »kratos«, Macht. Es bedeutet also übersetzt »die Macht des Volkes«. Die Entwicklung begann um 500 v. Chr. mit der Einführung der Gleichheit unter den Bürgern. Die Bürger hatten die Macht inne. Sie stimmten über die Gesetze ab und ernannten die politischen und militärischen Befehlshaber, die Strategen. Der berühmteste Stratege war Perikles.

Die Göttin Athene

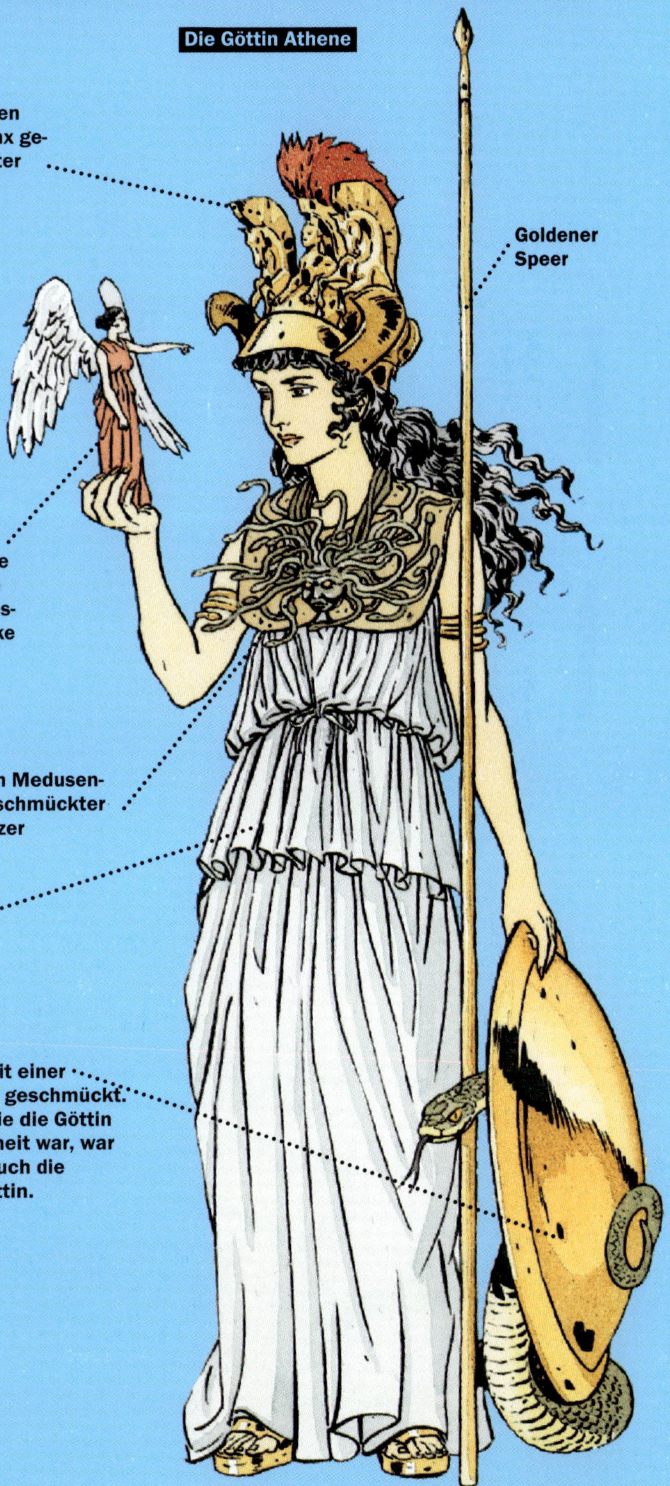

Stets zum Kampf bereit

Der Krieg nahm im Leben der Griechen eine wichtige Rolle ein. Mutige Krieger wurden als Helden gefeiert, und es galt als große Ehre, in der Schlacht zu fallen. Die Städte verbündeten sich gegeneinander. Athen und Sparta waren erbitterte Gegner.

Eine Stadt der Soldaten

Sparta lag abgelegen inmitten der Berge des Peloponnes und bestand aus mehreren Dörfern. Bis zum 60. Lebensjahr lebten die Männer in Kriegergemeinschaften, in denen die Älteren die Jüngeren ausbildeten. Auch die Frauen trieben Sport. Man glaubte, dadurch würden sie kräftigere Kinder bekommen. Die Bürger erhielten von der Stadt Sklaven, die ihre Felder bestellten. Die Sklaven konnten jederzeit von ihren Herren getötet werden.

Kindersoldaten

Mit sieben Jahren zogen die Knaben in Kasernen ein, damit begann ihre militärische Ausbildung. Auf dem Lehrplan standen Ringkampf, Laufen, das Tragen schwerer Lasten und Kriegsgesänge. Es wurde auf strenge Disziplin geachtet und die Kinder bekamen viele Schläge. Ältere Jungen mussten ein Jahr alleine in den Bergen verbringen. Manche starben an Erschöpfung. Nach Abschluss dieser Ausbildung waren sie Hopliten, Fußsoldaten.

Der Peloponnesische Krieg

431 v. Chr. verbündeten sich unabhängige Stadtstaaten mit Sparta, um das mächtige Athen anzugreifen. So begann der Peloponnesische Krieg, der 30 Jahre dauern sollte. Sein Ausgang führte zum Niedergang Athens. Die Befestigungsanlagen wurden zerstört, die Flotte beschlagnahmt und die Demokratie abgeschafft.

Kriegszüge

Um in eine Schlacht zu ziehen, mussten die Armeen mitunter Hunderte von Kilometern zurücklegen. Schmiede, Ärzte und Zimmermänner begleiteten sie. Sklaven führten die Maultiere und Wagen, auf denen Waffen und Vorräte transportiert wurden. Kundschafter gingen den Soldaten voraus.

Der Peltast

Diesen Soldatentyp gab es ab dem Beginn des 4. Jahrhunderts v. Chr. in der Athener Armee. Mit seiner leichten Ausrüstung war er in der Schlacht sehr beweglich.

Der Hoplit

Die Ausrüstung dieses Soldaten wog 25 bis 30 kg.

Die Schlacht von Marathon

❶ **Im September 490 v. Chr. gehen 20 000 persische Soldaten in der Bucht von Marathon an Land.**

❷ **Mit nur halb so vielen Truppen nehmen die Athener Aufstellung, um die persische Armee einzukreisen.**

❸ **Plötzlich greift der mittlere Teil der griechischen Phalanx im Laufschritt an. So etwas war noch nie da!**

❹ **Die Perser versuchen zu reagieren, sind aber zwischen der griechischen Phalanx eingeschlossen.**

❺ **6400 Perser und 192 Griechen sterben in der Schlacht.**

❻ **Um den Sieg in Athen zu verkünden, legt ein Bote die über 42,5 km lange Strecke laufend zurück.**

Auf dem Schlachtfeld

Die griechische Armee war in Schlachtreihen gegliedert, den Phalangen. Manche davon waren zwei Kilometer lang. Aufgrund der damals üblichen Kampftechniken mussten die Schlachtfelder sehr weitläufig sein. Angegriffen wurde im Laufschritt. Beide Armeen versuchten, als Erste Speere und andere Geschosse zu werfen. Die Hopliten waren auf den Nahkampf spezialisiert und kämpften, so lange es ging, Schild an Schild. Die Reiter konnten zur Verstärkung gerufen werden, waren aber gering an der Zahl.

Ein korinthischer Bronzehelm, der von Hopliten getragen wurde. Er bedeckte Hinterkopf, Wangen und Nase.

Die Gefechtspause

Bei Anbruch der Nacht ordneten die Offiziere auf beiden Seiten das Einstellen der Kämpfe an. Sie hielten Reden, um die Toten zu ehren. Die Gefallenen wurden auf dem Schlachtfeld verbrannt, die Namen der Tapfersten meißelte man in Stein. Im Krieg zerstörten die Armeen oft Dörfer und Felder der Feinde.

Eine Phalanx

Auf Befehl der Anführer rannten die Hopliten auf den Feind zu. Dabei stimmten sie einen Kriegsgesang zu Ehren des Kriegsgottes Ares an, um ihn gnädig zu stimmen.

Götter, Helden und Religion

Die Griechen glaubten, alle Ereignisse im Leben seien die Folge der Einmischung von Göttern und Helden. Indem sie sie ehrten und ihnen Opfer darbrachten, versuchten sie sich ihre Gunst zu sichern. Wer auf einen Sieg in der Schlacht oder auf eine gute Ernte hoffte, durfte die Götter nicht erzürnen.

Die wichtigsten Götter

1. Zeus, Vater der Götter und der Menschen
2. Hera, Gattin des Zeus, Göttin der Frauen und Beschützerin der Ehe
3. Aphrodite, Göttin der Liebe und der Schönheit
4. Athene, Göttin der Weisheit und der Wissenschaften
5. Artemis, Göttin der Jagd und Beschützerin der wilden Tiere
6. Hestia, Göttin des Feuers und Beschützerin der Familie

Die allmächtigen Götter

Die Griechen glaubten an eine Vielzahl von Göttern, die sie sich wie unsterbliche Männer und Frauen vorstellten, die die Natur beherrschten. Ihr Wohnsitz war der Berg Olymp. Von hier aus lenkten sie die Naturerscheinungen und bestraften Menschen, die Unrecht taten.

Die Helden: halb Gott, halb Mensch

Ihre mythischen Helden stellten sich die Griechen als Menschen mit übernatürlichen Kräften vor. Sie vollbrachten unglaubliche Taten. Helden konnten Städte gründen oder schreckliche Monster besiegen. Die berühmtesten der zahlreichen griechischen Helden waren Herakles, Perseus und Jason. Für die Griechen waren die Helden fast ebenso wichtig wie die Götter.

Die Mythologie

Das Leben der Götter auf dem Olymp und die Taten der Helden, z. B. »Die zwölf Arbeiten des Herakles«, sind Teil der griechischen Mythologie, die alle Griechen kannten.

Der griechische Held Herakles erwürgte den Nemeischen Löwen mit bloßen Händen, denn es hieß, der Löwe könne mit Waffen nicht besiegt werden.

Gebete und Opfergaben

Um die Götter zu ehren und sich ihre Gunst zu sichern, hielten die Griechen jeden Tag ein Ritual ab. Sie reinigten sich mit Wasser, beteten und brachten Opfer dar. Sie opferten auch Tiere auf den Altären. Sie schlachteten oder verbrannten sie im Rahmen einer Zeremonie. Auf das Opfer folgte gewöhnlich ein Festmahl.

Die Heiligtümer der Götter

Heiligtümer lagen an Quellen oder an bestimmten Orten, an denen sich der Mythologie nach ein Gott gezeigt hat. Mit der Zeit entstanden dort Tempel – erst aus Holz, später aus Stein. Die Tempel füllten sich mit Marmorstatuen, mit Skulpturen und Kunstgegenständen aus wertvollen Metallen.

Der Berg Olymp, Wohnsitz der Götter

Die Pythia, Priesterin des Apolls

Angeblich antwortete Apoll auf die Fragen der Griechen. Dazu mussten sie sich zu seinem Heiligtum in Delphi begeben. Dort erfuhren sie die Antworten des Gottes durch den Mund seiner Priesterin, der Pythia. Die Antworten waren nie eindeutig, sondern immer rätselhaft, ein Orakel. Es war schwer, ihren Sinn zu entschlüsseln.

7 Apoll, Gott der Künste und der Musik
8 Hephaistos, Gott des Feuers und der Vulkane. Er ist der Herr der Schmiede und fertigt Waffen.
9 Poseidon, Gott des Meeres. Der Dreizack ist das Symbol seiner Macht.
10 Hermes, Gott der Reisenden, der Kaufleute und Diebe. Er ist der Götterbote und führt die Seelen der Verstorbenen ins Jenseits.
11 Pan, Gott der Ziegen- und Schafhirten
12 Dionysos, Gott des Weins und der fruchtbaren Böden

Nach und nach sammelten sich in ihnen wahre Schätze an.
Das bekannteste Heiligtum stand in Delphi und war Apoll, dem Gott der Künste und der Musik, geweiht.

Üppige Feste

In allen Städten wurden viele religiöser Feste zu Ehren einzelner Götter gefeiert. Sie stellten willkommene Unterbrechungen des Alltags dar. Gesänge, sportliche Wettbewerbe, Fackelläufe, Prozessionen und aufwendige Opferrituale sollten die Götter bei Laune halten. Zählte man alle Festtage von Athen zusammen, so kam man auf 60 Tage.

Das Heiligtum von Delphi

In der Antike galt dieser Ort den Griechen als Mittelpunkt der Welt. Das am Hang eines Berges gelegene Delphi wurde mit der Zeit zu einem Komplex monumentaler Bauwerke.

Die Akropolis, der heilige Berg

Das größte Heiligtum Griechenlands war das der Athene. Seine Bauwerke aus Marmor waren so groß, dass man sie vom Meer aus sehen konnte. Jedes Jahr im Juli strömten die Massen zur Akropolis. Sie wollten am Fest zu Ehren der Athene teilnehmen, der Schutzgöttin der Stadt.

Das Erechtheion war ein kleiner Tempel, der eine Athene-Statue barg.

Vor den Augen der Zuschauer opferte ein Priester erst einige Ziegen und dann hundert Rinder. Man nannte dieses Opfer Hekatombe, nach dem griechischen Monat Hekatombäon, in dem das Ritual vollzogen wurde.

In einem Saal im Parthenon wurde der Tempelschatz verwahrt. Er bestand aus wertvollen Gegenständen, die Athene geopfert worden waren.

Die 10 m hohe Bronzestatue der Athene

Der Parthenon

48 Marmorsäulen stützen das Dach dieses 69 m langen und 31 m breiten Tempels ab. In ihm stand eine Statue der Athene als Kriegerin. Die mit Elfenbein und Gold überzogene Holzplastik, ein Werk des Bildhauers Phydias, war 12 m hoch. Bunt bemalte Reliefs im Giebelfeld erzählten die Geschichte der Athene, die aus dem Kopf ihres Vaters Zeus geboren wurde. Die Friese an den Seiten des Tempels stellten den Festzug der Großen Panathenäen dar. Dafür waren über 360 Figuren in den Stein gemeißelt worden.

Mit Musikbegleitung zog die Prozession zum Heiligtum.

Die Großen Panathenäen

Dieses Fest zu Ehren der Athene fand alle vier Jahre statt. Es war noch aufwendiger als die alljährlichen Panathenänen, denn außer den Athenern kamen auch die Bürger der mit Athen verbündeten Stadtstaaten. Mehrere Tage lang wurden die Zuschauer mit Theater-, Dichter- und Sängerwettbewerben sowie mit Fackelläufen unterhalten.

Der Festzug

Am letzten Tag zog eine Prozession durch die ganze Stadt und zur Akropolis hinauf. Reiche Bürger, Priester und alte Männer führten sie an. Es folgten Fußsoldaten, berittene Soldaten und die Vertreter der verbündeten Stadtstaaten. Den Schluss bildeten die Tiere, die der Göttin geopfert werden sollten, sowie die Menschenmenge mit ihren Opfergaben.

Das heilige Festmahl

Nach dem Festzug hielten die Athener und ihre Gäste ein Bankett ab. Sie aßen gegrilltes Rindfleisch und tranken den Wein, der der Göttin dargebracht worden war. Sie feierten bis spät in die Nacht. Das Festmahl bildete den Abschluss der Großen Panathenäen.

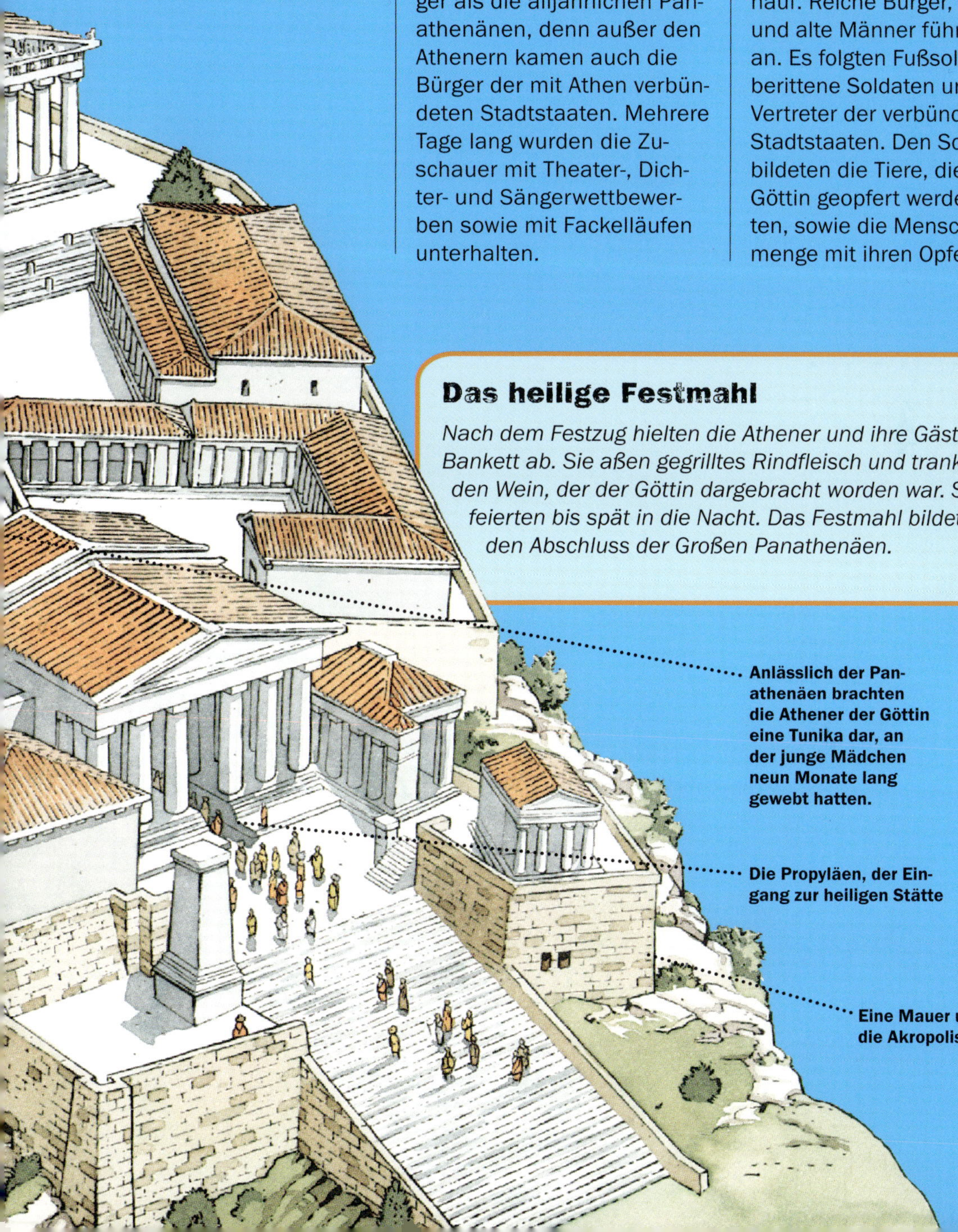

Das Leben in Athen

In der großen griechischen Stadt hatten Bürger und reiche Männer im 5. Jahrhundert v. Chr. ein besseres Leben als Frauen oder Sklaven. Wohlhabende Bürger verbrachten ihre Tage damit, spazieren zu gehen, zu diskutieren, mit Würfeln zu spielen und in den Sportstätten zu trainieren.

Die Bauern
Viele Athener waren Bauern mit kleinen Feldern. Sie lebten in Dörfern rings um die Stadtmauer und bauten Getreide an, vor allem Gerste. Sie besaßen Olivenbäume und Weingärten und züchteten Ziegen und Schafe. Ihre Erzeugnisse verkauften sie auf dem Markt, der Agora. Wer sehr viel Land besaß, ließ es von Landarbeitern oder Sklaven bestellen.

Die Kaufleute
Die Kaufleute waren Bürger oder reiche Männer, die aus anderen Gegenden stammten. Der Austausch von Waren erfolgte auf der Agora oder im Hafen. Dort stachen Handelsschiffe in See, die Tonwaren, Marmor und Krüge oder Schläuche voll Olivenöl und Wein an Bord hatten. Ankommende Schiffe verkauften ihre Ladung, die aus Holz, Blei, Elfenbein oder Weizen bestehen konnte. Durch den Handel war Athen ständig mit anderen Städten und Völkern in Kontakt.

Die Frauen
Die Frauen der Bürger waren in jeder Hinsicht von ihren Ehemännern abhängig. Sie besaßen kein eigenes Vermögen. Außer an Festtagen wie z. B. den Großen Panathäen verließen sie nur selten das Haus. Auch auf den Markt gingen sie nur in Be-

Die Agora

Dieser große öffentliche Platz lag im Stadtzentrum. Er war von Kolonnaden und Tempeln umgeben. Auf der Agora fanden sowohl politische Versammlungen als auch der Markt statt. Hier boten die unterschiedlichsten Handwerker und Künstler ihre Waren oder Leistungen an, Töpfer, Waffenschmiede, Friseure, Parfümhersteller, Tierbändiger und Akrobaten.

Die Frauen spannen die Wolle mit einer Handspindel und webten den Stoff. Sie lebten in einem Raum des Hauses, der den Frauen vorbehalten war, dem »gynäkeion«.

Auf der Agora, dem größten Platz der Stadt, trafen sich die Athener, um einzukaufen, Geschäfte zu machen und zu diskutieren.

Die Bauern verwendeten Pflüge aus Holz, die von Ochsen oder Maultieren gezogen wurden. Der karge Boden brachte nur magere Ernten hervor.

gleitung des Ehemanns. Sie stellten die Kleidung für die gesamte Familie her und kümmerten sich um die Kinder. Dabei half ihnen eine Amme und eine Sklavin. Obwohl sie in ihrer persönlichen Freiheit eingeschränkt waren, trafen sie mitunter wichtige Entscheidungen, die die Familie betrafen.

Die Handwerker

In Athen gab es an die 400 Töpfer. Manche von ihnen waren Ausländer, die Metöken genannt wurden. Sie stellten Tonwaren für Haushalte, Tempel und Sportstätten her. Sie wohnten alle in einem eigenen Stadtviertel. Ihre Werkstätten waren zur Straße hin offen. Maler verzierten die Tonwaren mit schwarzen und später roten Figuren. Natürlich gab es in Athen auch andere Handwerker, etwa Schmiede, Schreiner und Schuster.

Ein griechischer Töpfer

Die Sklaven

In Athen lebten ungefähr 100 000 Sklaven. Also war jeder dritte Athener ein Sklave. Sklaven hatten keine Rechte, wurden aber durch Gesetze geschützt. Sie waren Kriegsgefangene oder gefangene Piraten. Man konnte Sklaven auf dem Sklavenmarkt erwerben. Die Kinder der Sklaven waren automatisch ebenfalls von Geburt an Sklaven. Viele arbeiteten als Diener, als Gehilfen der Handwerker oder im Hafen. Auch in Tempeln und Palästen wurden Sklaven eingesetzt.

Andere erbauten gemeinsam mit Athenern und Metöken die Akropolis. Gebildete Sklaven, die Pädagogen, unterrichteten die Kinder der Bürger.

Rings um Athen wurden Weintrauben und Oliven angebaut.

Kind im alten Griechenland

Nach der Geburt hängte der Vater für ein Mädchen ein Stück Schaffell und für einen Jungen einen Olivenzweig an die Haustür. Von klein auf waren die Mädchen für die Arbeit im Haus bestimmt, die Jungen für das Leben als Bürger.

Wunschkinder
Die Griechen wünschten sich eher Jungen als Mädchen und nur die Söhne erbten Haus und Land. Dafür mussten sie sich um die Eltern kümmern, wenn diese alt waren. Es kam vor, dass Mädchen nach der Geburt ausgesetzt wurden. Zum Zeichen, dass er ein Kind anerkannte, nahm der Vater es in den Arm und lief mit ihm ums Haus. Dann erhielt das Neugeborene einen Namen, ein beschützendes Amulett und häufig auch eine mit Kieseln gefüllte Rassel.

Die Ausbildung der Mädchen
Die Töchter blieben immer im Haus. In wohlhabenden Familien brachte ihnen ihre Mutter oder eine Lehrerin das Lesen und Schreiben bei. Außerdem lernten sie, das Saiteninstrument Lyra zu spielen. Auf großen Webrahmen webten sie Stoffe für Kleidung und Decken. In ärmeren Familien mussten die Töchter bald bei der Hausarbeit helfen.

Kinderspiele
Die ersten sechs Lebensjahre verbrachten Jungen und Mädchen bei der Mutter. Die Kinder spielten vieles, was wir auch heute noch kennen. Sie besaßen Kreisel, Murmeln und Jo-Jos. Für die Mädchen gab es Puppen und Puppengeschirr. Die Jungen lenkten kleine Wagen, die von einer Ziege, einem Maulesel oder einem anderen Kind gezogen wurden.

Das Ende der Kindheit

In der Pubertät hörten die Kinder auf, mit ihren Spielsachen zu spielen. Manche opferten sie einer Gottheit. Mädchen heirateten mit ungefähr 14 Jahren. Junge Athener zwischen 18 und 20 erhielten eine militärische Ausbildung, die Ephebie. Sie verbrachten ein Jahr in einer Kaserne und zogen anschließend ins Umland, um es zu verteidigen. Mit 20 Jahren wurden sie zu Bürgern ernannt. Aber auch in diesem Alter spielten sie noch mit Reifen, Bällen oder Würfeln.

❶ Die Mädchen leben bei der Mutter im Frauentrakt. Dort erlernen sie das Weben und das Musizieren.

❷ In Begleitung ihres Pädagogen dürfen die Jungen auf die Agora gehen.

❸ Im Töpferviertel gehen die Jungen nicht zur Schule, sondern lernen das Handwerk des Vaters.

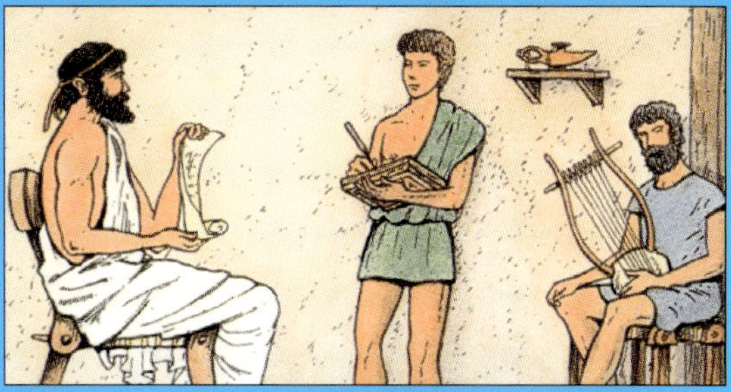

❹ Jeden Morgen unterweist der Grammatiker die Knaben unter 15 Jahren im Lesen und Schreiben.

Die Ausbildung der Jungen

Mit sieben Jahren begann für die kleinen Athener der Ernst des Lebens. Reiche Familien vertrauten die Söhne einem Pädagogen an, einem gebildeten Sklaven, der sie beaufsichtigte und mit ihnen den Unterrichtsstoff übte. Ein Grammatiker brachte ihnen das Lesen, Schreiben und Rechnen sowie das Aufsagen von Gedichten bei. Es gab auch Lehrer für Gesang und Musik.

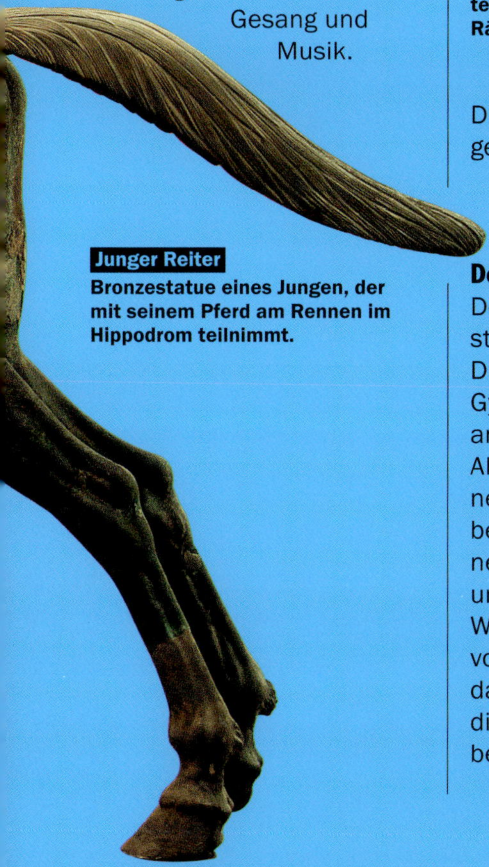

Junger Reiter
Bronzestatue eines Jungen, der mit seinem Pferd am Rennen im Hippodrom teilnimmt.

Im Grab eines kleinen Jungen wurde dieser Wagen gefunden. Beliebtes Spielzeug waren auch Tiere auf Rädern.

Die Söhne armer Leute gingen nicht zur Schule. Auf dem Land hüteten sie das Vieh.

Der Sportunterricht

Der Sportunterricht vervollständigte die Ausbildung. Die Jungen gingen in eine Gymnasion genannte Sportanlage, zu der Männer jeden Alters Zutritt hatten. Ein Trainer beaufsichtigte die Knaben und schlug sie mit einem Stock, wenn sie ungehorsam waren. Unser Wort Gymnasium kommt vom griechischen »gymnos«, das »nackt« bedeutet. Denn die Griechen trieben nur unbekleidet Sport.

Athener Junge
Das Knöchelchenspiel erfordert großes Geschick. Man wirft die Knöchelchen in die Luft und fängt sie mit dem Handrücken. Dann hebt man die auf, die heruntergefallen sind, und wirft gleichzeitig die anderen wieder hoch.

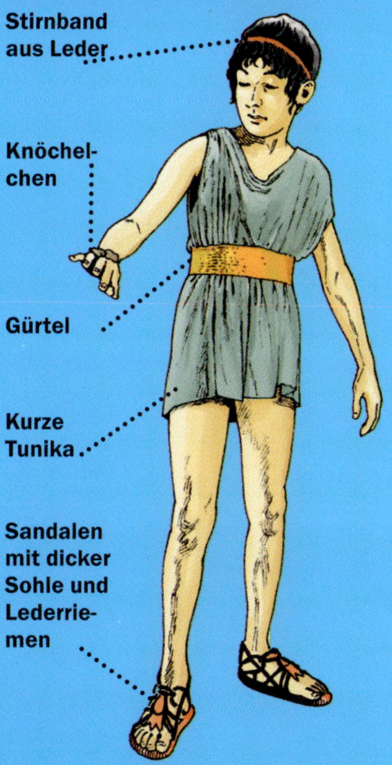

Die Mode

Schlichte Eleganz prägte den griechischen Kleidungsstil. Männer, Frauen und Kinder hüllten sich in einfache Gewänder, die in Falten gelegt und von Spangen zusammengehalten wurden. Wohlhabende Frauen trugen kunstvolle Frisuren und Schmuck.

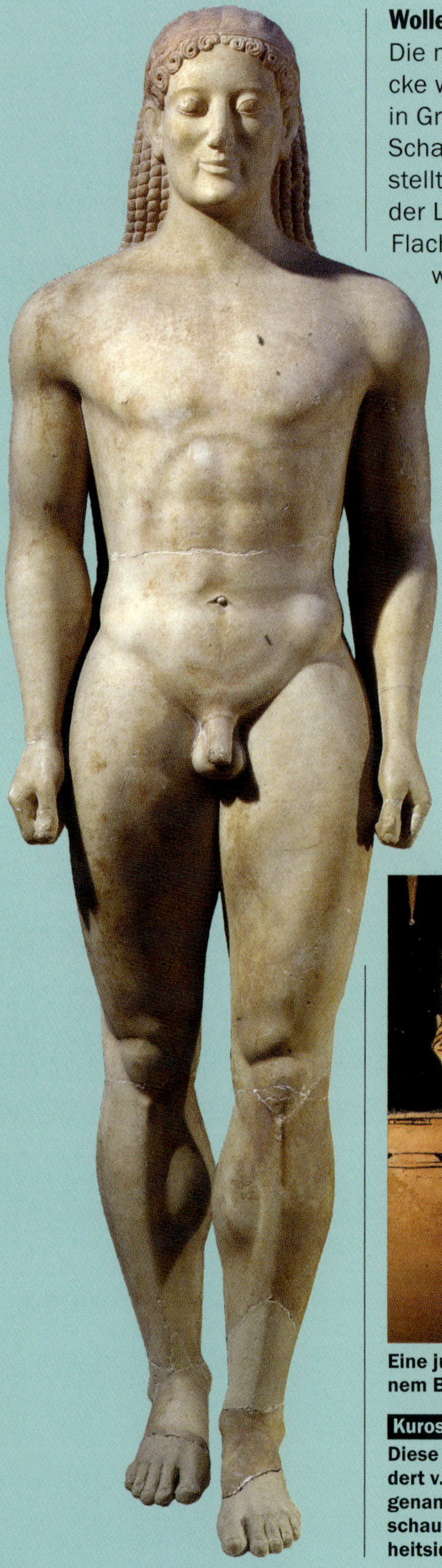

Wolle und Leinen

Die meisten Kleidungsstücke waren aus Wolle, denn in Griechenland gab es viele Schafe. Leichtere Stoffe stellte man aus den Fasern der Leinpflanze her, dem Flachs. Reinweiß und Naturweiß herrschten vor, doch die Griechen mochten auch Rot, das sie in allen Farbabstufungen trugen. Das Anziehen dauerte nicht lange, viele Kleidungsstücke bestanden aus einem Stoffrechteck, das in Falten gelegt und geknotet oder mit einer Spange befestigt wurde.

Eine junge Frau wäscht sich in einem Becken die Haare.

Kuros

Diese Statue aus dem 6. Jahrhundert v. Chr. wird Kuros, Jüngling, genannt. Der nackte Athlet veranschaulicht das männliche Schönheitsideal der Griechen.

Ein Politiker

Männermode

Das bevorzugte Kleidungsstück der Männer war eine kurze oder lange Tunika. Sie wurde über einer oder beiden Schultern mit Knoten oder einer Metallspange befestigt. Ein Ledergürtel raffte sie in der Taille. Darüber wurde entweder ein kurzer, dicker Mantel getragen oder ein langer Wollmantel, der bis zu den Knöcheln reichte und eine Kapuze hatte.

Körperpflege

Die Frauen verwendeten gerne duftende Körperöle, die aus dem Orient eingeführt wurden. Sie puderten sich das Gesicht und schminkten sich die Augen. Ihre Kosmetika bewahrten sie in kleinen Tonbehältern auf. Die Sportler reinigten und pflegten sich vor und nach dem Sport. Ins Gymnasion nahmen sie einen Schwamm, parfümierte Öle und ein Schabeisen mit, mit dem sie sich den Film aus Staub und Öl abkratzten.

Frisuren und Schmuck
Die Athenerinnen steckten ihr Haar mit Bändern und Netzen zu komplizierten Frisuren auf. Ihre Ohrringe waren oft aus Gold, Perlen aus Glas oder Bernstein. Es gab auch Halsketten mit kunstvoll gearbeiteten Anhängern, z. B. in Form von Masken.

Frauenmode
Die wohlhabenden Frauen waren sehr elegant gekleidet. Das Wollkleid wurde an der Schulter von einer Spange gehalten. Ihren Wollmantel trugen sie über die Schulter oder den Arm gelegt. Reiche Athenerinnen besaßen bestickte Seidenschals und schmückten sich mit Goldreifen und Ketten.

Armreifen wurden am Handgelenk oder am Oberarm getragen.

Goldkette mit Anhängern in Maskenform

Von Kopf bis Fuß
Als Schutz gegen Sonne oder Kälte dienten Hüte aus Leder, Filz oder Stroh. Fußbekleidung waren Sandalen, deren Riemen um den Knöchel geschlungen wurden. Die Leute stellten sie selbst her oder kauften sie beim Schuster.

Eine reiche Athenerin

Eine griechische Weberin

Bei den Griechen zu Gast

Auf dem Land, aber auch in den Städten waren Häuser und Möbel einfach und auch die Küche war nicht besonders raffiniert. Zu Ehren von Dionysos, Gott des Weines und der fruchtbaren Böden, wurden Festmähler abgehalten, bei denen es laut und lustig zuging.

Wohnhäuser
Die Häuser der Bauern hatten Lehmböden und ein bis zwei Zimmer. Reiche Athener lebten in mehrstöckigen Villen mit einem Innenhof. Handwerker hatten die Werkstatt im Haus. Auch wer reich war, besaß nicht viele Möbel. Sklaven trugen die Truhen, die niedrigen Tische und Stühle jeweils in das Zimmer, in dem sie gerade gebraucht wurden.

Tänzerinnen und Musikerinnen unterhielten die Gäste

Die Frauen und Kinder des Hauses nahmen nicht am Festmahl teil, sondern zogen sich zurück. Sklaven bedienten Hausherr und Gäste. Die einzigen anwesenden Frauen waren Tänzerinnen, Akrobatinnen und Musikerinnen. Sie spielten auf der Doppelflöte und schlugen das Tamburin oder Trommeln, die aus zwei Klangscheiben bestanden.

Die Frauen mahlten das Getreide für Brot und Kuchen selbst. Gebacken wurde in kleinen, tragbaren Tonöfen.

Dieses Bildnis eines Fischers von den Kykladen zeigt, wie fischreich die Gewässer waren.

Einfache Kost
Zum Frühstück und zum Mittagessen aßen die Griechen Oliven, Getreidefladen, Zwiebeln, Melonen, Ziegenkäse, Feigen und Mandeln. Hauptmahlzeit des Tages war das warme Abendessen. Grundnahrungsmittel waren Brot und Fladen aus Gerste oder Weizen. Brei aus Getreide rundeten die Mahlzeiten ab.

Fischliebhaber

Die alten Griechen aßen selten Fleisch, es sei denn, sie lebten auf dem Land, wo es häufig Schweinefleisch gab. Zicklein, Lamm oder Rindfleisch wurden nur gelegentlich verzehrt, etwa bei religiösen Festen, wenn diese Tiere geopfert wurden. Wesentlich häufiger kam Fisch auf den Tisch, der meist aus dem Meer stammte, denn die Orte waren nie weit von der Küste entfernt. Thunfisch, Sardinen, Anchovis, Aale und Meeresfrüchte wurden frisch, geräuchert oder gegrillt serviert. Dazu reichte man Erbsen oder Saubohnen.

Das Spiel kottabos

Die Spielregeln waren einfach. Wer seine Weinschale leer getrunken hatte, schleuderte die letzten Tropfen auf einen Gegenstand aus Metall. Hörte man sie aufschlagen, so würde der Wunsch des Betreffenden in Erfüllung gehen. Das Spiel war bei Trinkgelagen sehr beliebt.

Diese Goldschale ist mit Tintenfischen verziert, die von den Griechen sehr geschätzt wurden.

Festmahle

Die reichen Athener Bürger nahmen gerne an Festmahlen teil. Manchmal brachten die Gäste Körbe voller Lebensmittel und Getränke mit. Die Sklaven des Gastgebers wuschen ihnen als Erstes die Füße, bekränzten sie mit Weinlaub und führten sie dann ins Esszimmer. Das Essen nahmen sie liegend auf Ruhebetten mit bunten Kissen ein. Sie aßen mit den Fingern und warfen die Reste den Hunden zu.

Trinkgelage

Das eigentliche Fest aber begann erst nach dem Essen. Der Gastgeber schenkte ein und vermischte dabei den Wein mit Wasser, da die griechischen Weine sehr stark waren. Man trank, aß dazu Knabbereien, unterhielt sich über die Liebe, hörte den Musikern zu oder trug selbst Gedichte vor. Mit der Zeit spürten alle die Wirkung des Weins, begannen zu singen, gaben einander Rätsel auf oder spielten ein Spiel.

Festmahl im Hause eines reichen Atheners

Das Theater

Das Theater, so wie wir es kennen, wurde in Griechenland entwickelt und hatte dort viele Anhänger. Es wurden hervorragende Stücke geschrieben und riesige Freilufttheater gebaut. Es wurden auch Wettbewerbe abgehalten, und die Leute strömten in die Vorstellungen, weil die Stücke nur einmal aufgeführt wurden.

Die Premiere

Im Frühling fand in Athen ein Fest zu Ehren von Dionysos statt. Sechs Tage lang folgten Prozessionen, Paraden und Sängerwettbewerbe aufeinander. Um 535 v. Chr. kam ein Dichter auf die Idee, zwischen zwei Strophen eines von einem Chor gesungenen Liedes eine Geschichte zu erzählen. Das war das erste griechische Theaterstück.

Unter freiem Himmel

Ab dem 5. Jahrhundert v. Chr. fanden unterhalb der Akropolis Theaterwettbewerbe statt und alle Bewohner Athens strömten herbei, Bürger, Metöken, Frauen und Sklaven. Es wurde von morgens bis abends gespielt und ein Stück folgte auf das andere.
Die Zuschauer unterhielten sich und aßen und tranken, während sie zusahen. Wer ein Stück sehen wollte, musste gleich zur ersten Aufführung kommen, denn eine zweite würde es nicht geben.

Die Musik

Die Musik spielte im griechischen Theater eine große Rolle. Ein Musiker begleitete den Chor auf einem dem Dionysos heiligen Blasinstrument, das einer Oboe ähnelte. Die Mitglieder des Chors wirkten im Stück mit, indem sie sangen und tanzten. Leider sind die Rhythmen der Musik und die Bewegungen der Tänzer nicht überliefert.

Darsteller und Musiker des Theaters

❶ Der Chor sang und tanzte auf dem Lehmboden.
❷ Der kleine Altar in der Mitte des Orchesters
❸ Die Bühne, auf der die Darsteller spielten
❹ Die Kulisse bestand aus einer Holzhütte, in der die Darsteller sich umzogen. Die Fassade der Hütte war bemal Später baute man die Hütte aus Stein.

Das Theater von Epidauros

Dieses ungefähr um 350 v. Chr. erbaute Theater ist eines der schönsten Griechenlands. Es liegt an einem Hang und besitzt eine außerordentlich gute, natürliche Akustik. Selbst wenn die Schauspieler nur flüstern, kann man sie von allen Plätzen aus gut hören.

❶ Auf den Stufen finden 14 000 Zuschauer Platz. Die Leute nahmen sich Kissen mit, um bequemer zu sitzen.
❷ Treppen führen zu den Sitzplätzen.
❸ Gänge verbinden die Treppen und die Ein- und Ausgänge.

Lachen und Weinen

Gespielt wurden Tragödien oder Komödien. Die Tragödien waren an den Gedichten Homers angelehnt, beinhalteten auch seine Figuren und erzählten von einem Krieg, einem Mord oder von Rache. Später entstanden aus den fröhlichen Prozessionen und Liedern zu Ehren des Dionysos die Komödien. In diesen Stücken machte man sich über die Sklaven, die Reichen, die Jungen, die Alten und die Verliebten lustig.

Maskierte Darsteller

Im Theater durften nur Männer auftreten. Sie übernahmen auch die Frauenrollen. Anfangs alleine und später zu zweit oder zu dritt spielten sie auf einem Podest. Ihre Gesichter blieben hinter Masken aus Holz, Leder oder Rinde verborgen. Die Masken hatten einen traurigen oder lustigen Ausdruck. So konnten die Zuschauer sehen, wen der Darsteller gerade spielte.

Einfache und raffinierte Kostüme

Die Schauspieler trugen enge Kleider und stopften sich Bauch und Po aus, um dicker zu erscheinen. Darüber trugen Darsteller von Tragödien die Gewänder von Königen und Königinnen, Darsteller von Komödien dagegen gewöhnliche Alltagskleidung. Ungefähr im 2. Jahrhundert v. Chr. begannen die Schauspieler, Sandalen mit dicken Sohlen zu tragen, um größer zu wirken.

Im alten Griechenland war Musik Teil des Alltags. Auf dieser Vasenmalerei tanzen junge Mädchen zum Klang einer Doppelflöte und einer Zither um einen Altar. Die Zither war das Instrument Apolls, des Gottes der Künste und der Musik.

Berühmte Autoren

Der Schöpfer der Tragödie war Thespis aus Ikaria, und man nimmt an, dass er auch die Masken erfand. Nach ihm kamen viele noch heute berühmte Tragödiendichter wie Aischylos, Sophokles und Euripides. Aristophanes prangerte in seinen Komödien die Verlogenheit Athener Politiker an. Noch heute beeinflussen die Werke dieser bedeutenden griechischen Dichter die westliche Literatur.

Ein Athlet bei den Spielen

* CHAMPION OLYMPIQUE

Die Olympischen Spiele

Die ersten Spiele fanden in Olympia 776 v. Chr. statt. Zu Ehren des Zeus traten alle vier Jahre im Sommer bei Vollmond Athleten aus ganz Griechenland gegeneinander an. Während der Spiele durften die Städte nicht gegeneinander Krieg führen. Darum wurde Olympia zu einem Symbol des Friedens.

Vor den Wettkämpfen wuschen sich die Athleten. Danach rieben sie sich mit Öl ein, um die Muskeln geschmeidig zu machen.

Eine heilige Stätte

Olympia war keine Stadt, sondern eine religiöse Stätte. Jahrhundertelang hatte es hier nur einen Tempel gegeben, den der Hera. Im 4. Jahrhundert v. Chr. entstand der Zeustempel und später ein Haus für die Priester, Unterkünfte für Reisende, Bäder und Sporteinrichtungen.

Die Auswahl der Athleten

In der Vorstellung der Griechen förderte der Sport die Entwicklung von Körper und Geist. Deshalb begannen sie schon als Kinder, Sport zu treiben. An den Spielen durften nur Männer teilnehmen, die griechische Bürger waren. Sklaven, Ausländern und Kriminellen war die Teilnahme verboten und Frauen durften weder antreten noch zuschauen. Versuchte eine Frau es dennoch, drohte ihr der Tod! Wer schummelte, wurde ausgeschlossen oder musste eine Strafe zahlen. Mit diesen Strafgeldern wurden weitere Zeus-Statuen bezahlt.

Olympia

1. Das Hippodrom, die Bahn für die Wagenrennen
2. Das Stadion
3. Das Haus der Priester und Richter
4. Der Zeus-Tempel
5. Der den Priestern und Richtern vorbehaltene heilige Hain
6. Der Hera-Tempel
7. Das Gymnasion, hier gab es Unterkünfte, Trainingsmöglichkeiten und Bäder.
8. Springen, Ringen und Faustkampf fanden in der Palästra statt.
9. Die Unterkunft der Priester
10. Die Siegerstatuen

Die Wettkämpfe im Stadion

❶ **Bei den ersten Spielen gab es nur den Wettlauf. Später kamen weitere Disziplinen hinzu.**

❷ **Diskuswerfen**

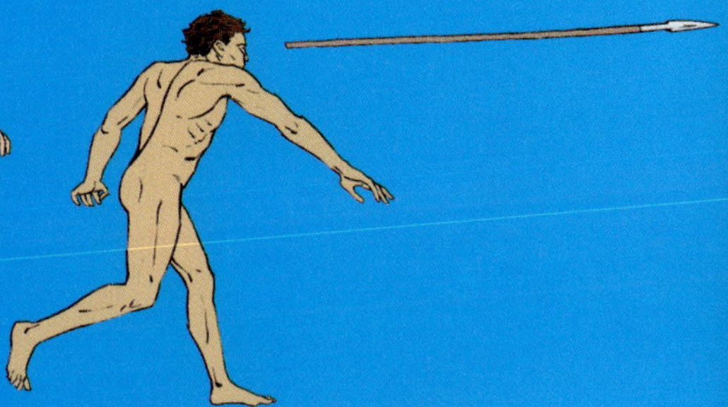

❸ **Speerwerfen**

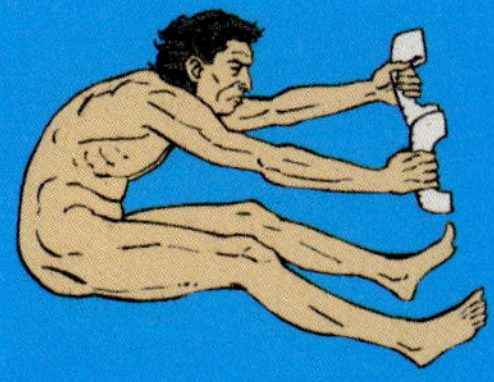

❹ **Weitsprung mit Gewichten**

❺ **Ringkampf**

❻ **Faustkampf, der Vorläufer des Boxens**

Die Sieger

In Olympia erhielten die Sieger einen Kranz aus Olivenzweigen und Krüge mit Olivenöl von heiligen Bäumen. Wer mehrere Siege errungen hatte, galt als Held und wurde von den Dichtern besungen. Die Namen von Helden wurden in Stein gemeißelt – wie etwa der des Milo von Kroton, der im Ringkampf siegte.

Eines der sieben Weltwunder

Im Tempel des Zeus stand eines der sieben Weltwunder, die goldene Statue des Zeus. Sie war 13 m hoch und das Werk des berühmten Athener Bildhauers Phidias. Zeus war sitzend dargestellt, und ein griechischer Geograf schrieb, wenn Zeus hätte aufstehen wollen, hätte er das Dach des Tempels durchbrochen. Später wurde die Statue nach Konstantinopel gebracht, wo ein Brand sie im 5. Jahrhundert n. Chr. zerstörte.

Der Niedergang der Spiele

Über 1000 Jahre lang waren die Spiele sehr beliebt. Dann begannen einzelne Athleten, sich zu spezialisieren, und wurden Profis. Manche versuchten sogar, ihre Kraft durch geheimnisvolle Pflanzen zu steigern. Die Spiele wurden immer gewalttätiger, bis der römische Kaiser Theodosius sie 394 n. Chr. verbot. Dank der Bemühungen des französischen Barons Pierre de Coubertin wurde die Tradition der Olympischen Spiele 1896 wiederbelebt.

Das Wagenrennen war beim Publikum sehr beliebt.

Die Blütezeit der Künste

Griechen erbauten Tempel, bearbeiteten als Bildhauer meisterlich Marmor und Bronze, gossen Gold, schnitzten Elfenbein und schufen herrliche Tongefäße. Sie experimentierten mit verschiedenen künstlerischen Techniken, um der Schönheit Ausdruck zu verleihen. Hier einige Kunstwerke, die noch Jahrhunderte später Künstler inspirierten.

Der Wagenlenker von Delphi

Diese Bronzestatue aus dem 5. Jahrhundert v. Chr. ist 1,82 m hoch. Sie stellt einen Wagenlenker in traditioneller Kleidung dar. Das Pferdegespann ist nicht erhalten. Übrig blieb nur ein Stück des Zügels, den er in der rechten Hand hält. Der Kopf mit dem versilberten Stirnband und die Augen aus eingelegten Glasstücken und Steinen sind typisch für die Kunst der Griechen, die gerne mit verschiedenen Materialien arbeiteten. Bronzestatuen waren im alten Griechenland verbreiteter als Statuen aus Marmor, doch leider wurden viele bereits in der Antike eingeschmolzen, weil man das Metall wieder verwenden wollte.

Ein Wassergefäß

Bemalte Tonwaren zählen zu den Symbolen des alten Griechenlands. Da sehr viele erhalten blieben, lassen sich an ihnen Entwicklungen in der Kunst ablesen. Zudem helfen sie den Alltag der Griechen besser zu verstehen. Die schwarz gemalten Frauen vor rotem Hintergrund auf diesem Gefäß treffen sich am Brunnen, um Wasser zu holen. Die Malerei hatte in Griechenland

Der Parthenon
Der Name dieses Tempels der Akropolis ist vom griechischen Wort »parthenos« abgeleitet, das »Jungfrau« bedeutet. Er stammt aus dem 5. Jahrhundert v. Chr. und seine Errichtung dauerte 15 Jahre. Die vom Architekten Iktinos ausgerechneten perfekten Proportionen machten ihn zum Vorbild für spätere griechische Tempel. Das Dach war ursprünglich mit Ziegeln gedeckt und oberhalb der Säulen verliefen bunte Friese. Ein inzwischen zerstörter Innenraum beherbergte die Statue der Athene.

Die Venus von Milo
Die ersten griechischen Statuen waren aus Holz, doch bald gingen die Künstler dazu über, Marmor zu verwenden. Diese Statue ist typisch für die griechische Kunst. Man nimmt an, dass sie die Göttin Aphrodite darstellt. Die stehende Göttin trägt um die Hüften ein Tuch mit sorgfältig ausgearbeitetem Faltenwurf. Kunstkenner schätzen ihre lebendig dargestellte Haltung, das wohlgeformte Gesicht und die Reinheit der Form. Sie wurde 1820 auf der Kykladeninsel Milos entdeckt und kann heute im Pariser Louvre bewundert werden. Mittlerweile ist die Venus von Milo so berühmt wie Leonardo da Vincis Mona Lisa.

Die Karyatiden
Diese Säulen eines kleinen Tempels der Akropolis nennt man Karyatiden. Sie haben die Gestalt von Frauen. Mit ihrem schlanken, kräftigen Körper, den perfekten Proportionen, der geraden Nase und dem aufgesteckten Haar gelten sie als Inbegriff klassischer griechischer Schönheit.

Das Erbe Griechenlands

Zwischen dem 6. und dem 3. Jahrhundert v. Chr. machte sich eine Handvoll neugieriger und weiser Menschen Gedanken über die Vergangenheit und versuchte, die Geheimnisse des Universums zu ergründen. Ihre Ideen wurden zur Grundlage neuer Denkweisen und wichtiger wissenschaftlicher Fortschritte.

Die Entwicklung der Astronomie: Die Griechen begeisterten sich für die Astronomie. Sie ermittelten die Positionen der Planeten am Himmel und beobachteten die Bewegungen der Sterne, um von ihnen etwas über das Funktionieren der Welt zu erfahren. Infolge der Eroberungen Alexanders des Großen gelangten diese Erkenntnisse in den Orient.

Von der Sprache zur Schrift

Ein neues Alphabet bürgerte sich ein und Texte in griechischer Sprache wurden in Metall und Stein eingraviert und auf Wachstafeln geschrieben. Alle Athener Bürger bedienten sich der Schrift, z. B. bei Wahlen. Dies war eine regelrechte Revolution, denn man brauchte kein Gelehrter mehr zu sein, um Wissen zu erwerben.

Die Anfänge der Literatur

Erste Schriftstücke erschienen in Form von Papyrusrollen. Die *Ilias* und die *Odyssee* sind die ersten Werke der griechischen Literatur. Schüler schrieben Homers 300 Verse auf Wachstafeln ab und lernten sie auswendig. Bald gesellten sich zu Homers Heldengedichten Theaterstücke, Reiseberichte und Ratgeber für die Landwirtschaft. So war für jeden etwas dabei.

Leidenschaftliche Forscher

Etwa zur gleichen Zeit gelangten einige Griechen zu der Ansicht, dass die Religion die Welt nicht wirklich erklären konnte. Sie suchten nach wissenschaftlichen Antworten auf ihre Fragen und beobachten Naturphänomene. Dabei bauten sie auf Wissen auf, das von den Ägyptern und Mesopotamiern stammte. Unter den Physikern, Mathematikern und Astronomen waren eini-

Die alten Griechen hielten Krankheiten für Strafen der Götter. Dieses Relief wurde in Auftrag gegeben, um den Göttern für eine Heilung zu danken.

ge, von denen auch heute noch oft die Rede ist: Thales, Pythagoras, Euklid und Archimedes.

Die Geburt der Philosophie
Der Durst nach Wissen regte die Gelehrten auch dazu an, sich über den Menschen an sich Gedanken zu machen. Die bekanntesten unter ihnen waren Sokrates, Platon und Aristoteles. Sie fragten sich, was Wahrheit ist, wie sich das Gute vom Bösen unterscheidet und ob der Mensch selbstständig dachte oder einfach nur aus einem Körper bestand. Sie wollten die Menschen dazu bewegen, mehr über sich und die Welt nachzudenken, und veranstalteten auf öffentlichen Plätzen Gesprächsrunden. Redekunst und folgerichtiges Denken entwickelte sich zur Kunst. Daraus entstand eine neue wissenschaftliche Disziplin: die Philosophie, auf Griechisch: »die Liebe zur Weisheit«.

Die Geschichte
Zur gleichen Zeit brachte Herodot eine neue Sichtweise auf, die der Geschichte. Um die Gegenwart zu erklären, unternahm er Reisen und studierte das Klima, die Völker, ihre Bräuche und ihre Vergangenheit. In Ägypten etwa beobachtete er die Priester in den Tempeln. Als Erster schilderte er das Einbalsamieren. Er schrieb die Geschichte der Kriege zwischen Persern und Griechen auf. Das griechische Wort Historie bedeutet »Nachforschung«.

Die Grundlagen der modernen Medizin
Gemäß alten Bräuchen pflegten Heiler die Kranken mit Zaubersprüchen und Pflanzen. Im 5. Jahrhundert v. Chr. aber erfand Hippokrates eine neuartige Heilkunst, die auf der Beobachtung der Krankheit beruhte. Er untersuchte das Blut, die Galle und die Wunden. Als Erster stellte er fest, dass Bewegung, Ernährung und Arbeit bestimmte Erkrankungen verursachen konnten. Wer heute Arzt werden will, muss den hippokratischen Eid ablegen, mit dem er sich verpflichtet, den Geboten seines Berufs treu zu bleiben.

Sokrates, ein friedlicher Rebell

Sokrates war ein Mann aus dem Volk, der sich für den Gedankenaustausch begeisterte. 30 Jahre lang suchte er das Gespräch mit Menschen und brachte sie dazu, ihr Denken zu hinterfragen und Vorurteile abzulegen. In ganz Athen war er wegen seiner freiheitlichen und neuartigen Gedanken bekannt. Aufgrund seiner revolutionären Ideen wurde er 399 v. Chr. angeklagt, gottlos zu sein und die Jugend zu verderben, und zum Tode verurteilt. Er zog es vor, sich mit Schierling zu vergiften.

Zwei Männer diskutieren über Philosophie. Die Griechen führten an den unterschiedlichsten Orten derartige Gespräche: auf der Straße und auf Plätzen ebenso wie in Werkstätten und Gärten.

Herodot, Vater der Geschichte und der Geografie

Alexander der Große

Ende des 4. Jahrhunderts v. Chr. hatten die Kriege zwischen den Stadtstaaten Griechenland sehr geschwächt. Philipp II., König des nördlichen Nachbarlandes Mazedonien, nutzte die Chance, um Griechenland zu erobern. Sein Sohn Alexander dehnte das ererbte Reich zu einem gewaltigen Weltreich aus.

Philipp II. von Mazedonien und Alexander der Große

Ein stürmischer junger Prinz

Alexander kam 356 v. Chr. als Sohn des mazedonischen Königs Philipp II. zur Welt. Er verbrachte seine Kindheit an der Seite seines Vaters, der ihn von klein auf mit Feldzügen und dem Regieren vertraut machte. Schon früh träumte Alexander davon, das Perserreich zu erobern. Als er mit 20 Jahren König wurde, begann Alexander, den Angriff vorzubereiten. Zwei Jahre später zog er mit 30 000 Fußsoldaten und 5000 Reitern in den Krieg gegen Persien.

Alexander und Bukephalos

Der Sage nach soll Alexander mit zwölf Jahren ein Pferd gezähmt haben, das niemand besteigen konnte. Er bemerkte, dass das Tier Angst vor dem eigenen Schatten hatte. Alexander stellte es gegenüber der Sonne auf und es ließ sich reiten. Bukephalos trug seinen Herrn in alle Schlachten und starb in Indien. Alexander ließ ihn mit militärischen Ehren bestatten und gründete am Grab die Stadt Bukephala.

Alexander der Eroberer

Nichts und niemand konnte ihn aufhalten. Nachdem er 334 v. Chr. die Perser besiegt hatte, nahm Alexander Syrien, Phönizien, Ägypten und Mesopotamien ein. Anschließend überquerte er den Indus und siegte über die indische Armee und ihre Kampfelefanten.

Die Gründung von Alexandria

Im Anschluss an seine Eroberungen gründete Alexan-

Mosaikdarstellung der Schlacht bei Issos um 333 v. Chr.: Alexander auf Bukephalos (links) fordert Darius III., König von Persien, heraus.

der Städte. Er stattete sie im griechischen Stil mit Tempeln und Palästen aus. 331 v. Chr. gründete er an der Nilmündung Alexandria. Sie war die erste Stadt mit einem schachbrettartigen Grundriss.

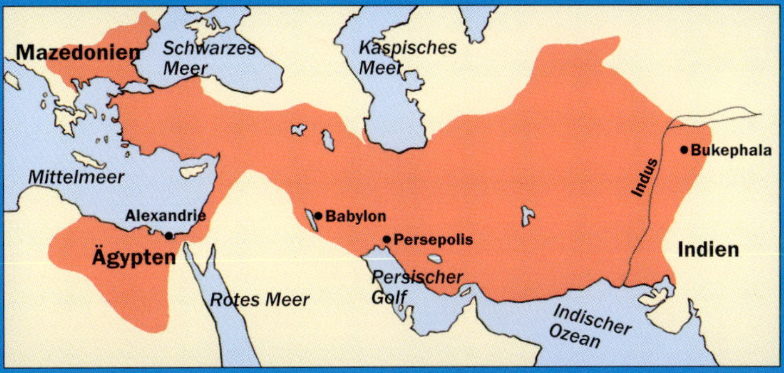

Das Reich von Alexander dem Großen, 323 v. Chr.

Ein gewaltiges Reich

Nach seiner Rückkehr aus Indien machte Alexander Babylon zu seiner Hauptstadt. Er wollte die verschiedenen Religionen und Bräuche der Menschen in seinem Reich erhalten, um eine neue Mischung griechischer und persischer Kultur entstehen zu lassen. Er umgab sich mit persischen Adeligen und ließ deren Söhne griechisch erziehen. Alexander trug persische Tracht und förderte Begegnungen zwischen Griechen und Persern. 324 v. Chr. wurde eine Massenhochzeit veranstaltet, bei der 10 000 seiner Männer Asiatinnen heirateten.

Alexanders Tod

Mitten in den Vorbereitungen für einen Arabien-Feldzug starb Alexander im Juni 323 v. Chr. im Alter von nur 33 Jahren an einem Fieber. Sein unerwarteter Tod erschütterte das junge Weltreich. Die Generäle führten gegeneinander blutige Kriege. Das Reich brach auseinander und seine früheren Teile waren nun miteinander verfeindet. Gleichzeitig entwickelte sich in Alexanders ehemaligem Reich eine neue Kultur, die der griechischen ähnelte: die hellenistische Kultur.

Alexandria, eine außergewöhnliche Stadt

Hundert Jahre nach ihrer Gründung war Alexandria mit ungefähr einer Million Einwohnern die größte Stadt der Welt. Sie hatte ein Museum und eine Bibliothek mit 70 000 Büchern. Gelehrte kamen von überallher. Alexandria wurde zur Hauptstadt des Wissens.

Noch mehr Infos

Der Koloss von Rhodos

Diese griechische Statue war in der Antike sehr berühmt. Sie stellte den Sonnengott Helios dar, war 32 m hoch und bewachte die Hafeneinfahrt der Insel Rhodos. Später stürzte sie bei einem Erdbeben ein und wurde niemals ersetzt. Der Koloss von Rhodos war eines der sieben Weltwunder der Antike. Heute ist keine antike Darstellung des Kolosses überliefert.

Bürger, an die Ruder!

Die Bürger Athens mussten nicht nur für ihre Stadt in den Krieg ziehen, sondern auch ihre Waffen selbst bezahlen. Arme Männer, die sich das nicht leisten konnten, dienten als Ruderer auf den Kriegsschiffen.

Ein berühmter Lauf

490 v. Chr. legte ein Mann in schnellem Lauf die über 40 km zurück, die Marathon von Athen trennten. Er hatte den Auftrag, den Griechen den Sieg über die Perser zu verkünden. Bei seiner Ankunft starb er an Erschöpfung. Nach diesem Lauf ist eine bekannte Sportdisziplin benannt: der Marathonlauf, der über eine Strecke von 42,195 km geht.

Eine mächtige Flotte

Ab dem 5. Jahrhundert v. Chr. bauten die Athener eine große Kriegsflotte auf und errangen bei Seeschlachten zahlreiche Siege. Ihre Kriegsschiffe, die Trieren, waren sehr schnell. Am Bug waren zwei Augen aufgemalt, die böse Geister fernhalten sollten. Mit einem bronzeverkleideten Sporn am Bug wurden feindliche Schiffe gerammt.

Zum Schutz der Demokratie

Einmal im Jahr hielten die Bürger Athens eine geheime Wahl ab. Auf eine Tonscherbe schrieb jeder den Namen des Mannes, der seiner Ansicht nach die Demokratie bedrohte. Wer von diesem Scherbengericht verurteilt wurde, musste Athen für zehn Jahre verlassen.

Der Olivenbaum, Symbol Griechenlands

Olivenbäume sind in Griechenland sehr verbreitet. Aus den Früchten presst man Öl. Die besten Öle wurden auch damals in der Küche verwendet, die anderen dienten zur Körperpflege oder als Lampenöl.

Die große Götterfamilie

Die Griechen dachten sich ihre Götter sehr menschlich. Sie heirateten und hatten Kinder, besaßen gute und schlechte Eigenschaften. Einige hatten sich auf die Landwirtschaft spezialisiert, andere waren Götter der Liebe. Jeder Gott hatte Gegenstände und Tiere als Symbole. Der Adler war das Lieblingstier des Zeus. Hades, Gott der Unterwelt, trug einen Helm, der ihn unbesiegbar machte.

Feste und Musik

Die Griechen liebten Musik über alles. Sie sangen und spielten Harfe oder Lyra, um ihre Kinder in den Schlaf zu wiegen, aber auch bei Hochzeiten und Beerdigungen. Auch Haus- und Feldarbeiten gingen mit Musikbegleitung leichter von der Hand.

Seefahrervolk

Griechenland ist ein sehr bergiges Land. Viele Gebirgskämme waren nur schwer passierbar und es gab wenige Straßen. Als Transportmittel zu Lande standen nur Esel zur Verfügung. Allerdings war kein Ort weiter als 100 km vom Meer entfernt. Deshalb entwickelten sich die Griechen zu einem seefahrenden Volk.

Große Gelehrte

Pythagoras stellte als Erster fest, dass die Erde rund ist. Außerdem entwickelte er das Einmaleins. Archimedes entdeckte, dass Körper im Wasser leichter sind als an der Luft. Ein Naturgesetz wurde nach ihm benannt. Er befasste sich mit Mathematik und entwickelte und verbesserte Kriegsmaschinen. Ein griechischer Handwerker erfand den ersten Automaten.

Der beste Freund des Menschen

Pudel waren die Lieblingshunde der reichen Griechen. Es gab aber auch andere Hunde, die ihre Herrchen begleiteten oder für die Jagd gezüchtet wurden. Die Griechen hielten keine Katzen, weil sie sie zu ängstlich fanden. Stattdessen hielten sie sich Wiesel als Mäusejäger.

Münzen

Lange Zeit kannten die Menschen der Antike nur den Tauschhandel. Sie tauschten Rinder, Pferde oder sogar Frauen gegen Waren. 483 v. Chr. wurde bei Laurion nahe Athen in einem Bergwerk eine Silberader entdeckt. Aus dem Silber stellte man Talente, Münzen, Drachmen und Obolusse her, die Athener Münzen.

Die griechischen Säulen

Die Griechen schmückten ihre Tempel mit schlanken oder stämmigen Säulen, deren Kapitelle (Aufsätze) Spiralen oder Blätter aufwiesen. Man unterscheidet drei Säulenordungen: dorische, ionische und korinthische. Diese Verzierungen inspirierten römische Architekten.

Wohin mit dem Kleingeld?

In der Antike hatte Kleidung – auch die der Griechen – nicht unbedingt Taschen. Der griechische Autor Aristophanes meinte scherzhaft, die Griechen würden das Geld für ihre Einkäufe auf dem Markt im Mund bei sich tragen.

Kannten die Griechen die Römer?

Aber ja! Griechische Kaufleute trugen zur Versorgung Roms mit Lebensmitteln bei. Einige von ihnen ließen sich in der Stadt nieder. Die Römer übernahmen von den Griechen das Theater, die Esskultur und auch die Vorliebe für öffentliche Bäder.

AI VMNVS·VIC

Die Römer

Die Etrusker, Vorfahren der Römer

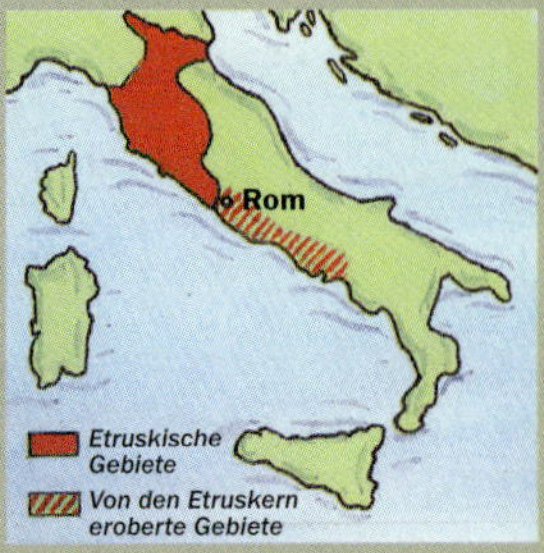

Zwischen dem 8. und dem 4. Jahrhundert v. Chr. setzte sich in Italien die etruskische Kultur durch. Die Etrusker hatten geschickte Schmiede und Töpfer und trieben mit deren Produkten im gesamten Mittelmeerraum Handel.

Ungewisse Herkunft
Gegen Anfang des 8. Jahrhunderts v. Chr. fanden sich im Norden Italiens Völker zusammen, die aus verschiedenen Regionen hierher gewandert waren. Die Bodenschätze Italiens hatten sie angelockt, Eisen, Kupfer, Zinn und Silber. Nach ihrem Eintreffen in Italien fällten diese Menschen die Wälder und legten Felder und Weiden an. Das Holz der Waldbäume nutzten sie als Bauholz für Schiffe und als Brennstoff für die Feuer der Schmiede. Nach und nach entstanden die ersten etruskischen Städte.

Jagd- und Fischfangszene
Die Etrusker verbrannten ihre Toten und bewahrten die Asche in einer Urne auf. Die Gräber wurden mit Fresken verziert, wie dieses, das man in Tarquinia entdeckte.

Ein Kaufmann

Eine Frau

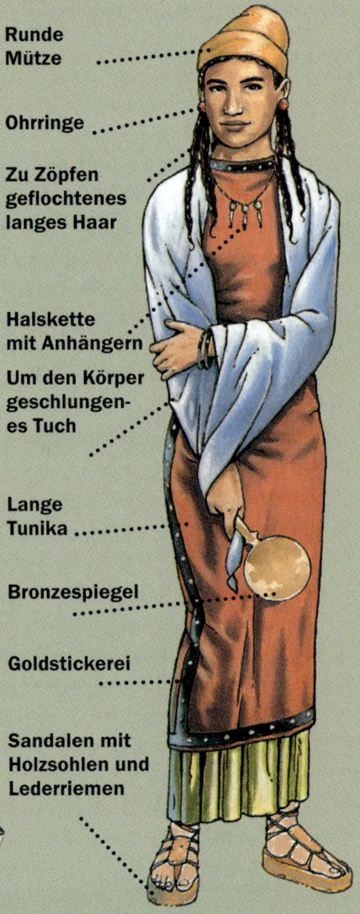

Städtegründer
Von den Griechen übernahmen die Etrusker das Wissen, wie man Städte baut. Mauern, Abflusssysteme und Häuser aus Stein entstanden. Jede Stadt hatte einen König als politisches und religiöses Oberhaupt. Er umgab sich mit reichen Männern, mit Herstellern von Ton- und Bronzegegenständen und mit Kaufleuten. Auf dem Land, in den Städten, Bergwerken und Werkstätten der Handwerker arbeiteten unzählige Diener.

Heilige Männer
Die Priester trugen hohe, spitze Hüte. Sie nahmen in der Gesellschaft eine wichtige Stellung ein, denn ihre Aufgabe bestand darin, den Willen der Götter zu deuten. Sie versuchten, ihn aus dem

Alphabet und Gladiatorenkämpfe

Die Römer übernahmen viele Aspekte der etruskischen Kultur. Aus dem etruskischen Alphabet entwickelten sie das lateinische. Wie die Etrusker versuchten auch die Römer, den Willen der Götter zu deuten. Sie übernahmen die etruskischen Techniken, Gräber und Gewölbe zu bauen. Und wie schon die Etrusker, liebten auch die Römer Wagenrennen und Gladiatorenkämpfe.

Flug der Vögel und aus den Eingeweiden von Opfertieren herauszulesen. Wichtigste Gottheiten waren Tinia, Gott des Himmels und des Lichts, Uni, die Beschützerin der Frauen, und Turms, Schutzgott der Reisenden und Kaufleute.

Hervorragende Handwerker

Etrusker schufen Schmuck aus vergoldetem Silber und reinem Gold. Aus Kupfer und Eisen stellten sie Hacken, Dolche und Helme her. Sie vermischten Kupfer und Zink zu Messing, um Bronze zu erhalten. Daraus fertigten sie Lampen, Spiegel und Duftlampen.

Reiselustige Kaufleute

Die Etrusker waren geschickte Schiffbauer, ausgezeichnete Seemänner und gefürchtete Piraten. Sie unterhielten Handelsbeziehungen zu den Ägyptern, Phöniziern und Griechen. Ihre Kaufleute wagten sich bis nach Spanien, Nordafrika und Gallien vor und führten dort die Weinrebe ein. Ihre Bronzeobjekte waren so schön, dass sie sie bis nach Dänemark verkauften.

Ein großes Reich

Gegen Ende des 7. Jahrhunderts v. Chr. waren die Etrusker so mächtig, dass sie loszogen, um in ganz Italien weitere Gebiete zu erobern. Sie errichteten Städte, darunter Pompeji, und übernahmen die Macht in Rom. Sie besaßen Häfen und Festungen in Afrika und auf Sizilien und Korsika. Mit der Zeit wurden sie aber immer häufiger von den Griechen besiegt und ihre Schiffe wurden zerstört. 509 v. Chr. setzten sich die Römer zur Wehr und schüttelten die etruskische Herrschaft ab.

Diese Ohrringe aus Gold, die mit feinen Kettchen und Edelmetallen verziert sind, vermitteln einen Eindruck vom großen Können etruskischer Goldschmiede.

Sarkophag der Eheleute

Der vor 2500 Jahren entstandene Sarkophag stellt ein Paar dar, das liegend ein Festmahl einnimmt. Dieser griechische Brauch war auch bei den Etruskern sehr verbreitet. Allerdings nahmen bei ihnen auch die Frauen am Mahl teil. Im Sarkophag lagen die sterblichen Überreste zweier Menschen. Sicher hatte man ihnen auch Schmuck beigegeben, der allerdings gestohlen wurde.

❶ Die Beine des Bettes sind mit Blumen verziert, Stoff bedeckt die dicke Matratze.

❷ Der Deckel mit den beiden Terrakottafiguren hat ebenso wie der übrige Sarkophag seine Farben verloren.

❸ Das Gesicht der Frau ist weiß bemalt, wie es in der Antike häufig üblich war.

❹ Die Frau scheint Duftöl in einen Behälter einzugießen, der verloren ging.

❺ Der Mann hat den Arm um die Frau gelegt. Der schwarze Bart bildet einen Kontrast zum blonden Haar, das vermutlich eine Perücke darstellen soll. Sein Oberkörper ist rot bemalt.

❻ Die Kissen ähneln Weinschläuchen. Sie symbolisieren Trankopfer, die die Toten im Jenseits erfreuen sollen.

Die Anfänge der römischen Republik

Aus dem kleinen Dorf Rom wurde mit der Zeit eine bedeutende Stadt. Im Mittelpunkt seiner Geschichte und der seiner Bewohner steht die Gründung der ersten Republik, um die sich viele Sagen ranken.

Im Herzen Italiens

Um 1200 v. Chr. ließen sich die Latiner in Mittelitalien nieder. Hier, auf einer vom Tiber durchflossenen Ebene, dem Latium, lebten sie von Ackerbau und Viehzucht. Im 8. Jahrhundert v. Chr. bewohnten sie zwei Hügel, den Palatin und den Kapitol. Später entstanden auf fünf umliegenden Hügeln weitere Dörfer.

Der Sage nach soll eine Wölfin die Gründer Roms, die Zwillinge Romulus und Remus, gesäugt haben. Später wurden sie von Hirten aufgezogen.

Ein sagenumwobener Gründer

Der Sage nach wurde Rom von den Zwillingen Romulus und Remus gegründet. Sie sollen Nachkommen des trojanischen Helden Äneas gewesen sein. Als Säuglinge wurden sie der Sage nach in einem Korb im Tiber ausgesetzt und von einer Wölfin gerettet. Als erwachsene Männer gründeten sie 753 v. Chr. ein Dorf auf dem Palatin, dem Hügel, auf dem ein Schäfer sie gefunden hatte. Bei einem Streit tötete Romulus seinen Bruder, wurde König und gab der Stadt seinen Namen.

Die Etrusker in Rom

Im späten 7. Jahrhundert v. Chr. fielen die Etrusker in den Latium ein und machten aus Rom eine Stadt. Sie veranlassten einen Zusammenschluss der Dörfer, umgaben die Hügel mit einer Wehrmauer, legten ein Kanalisationssystem an und bauten auf dem Kapitol das Forum, einen öffentlichen Platz, sowie einen Tempel. Doch die etruskischen Könige waren beim Volk sehr unbeliebt. 509 v. Chr. verjagten die Römer den letzten etruskischen Herrscher Tarquinius Superbus.

Die Patrizier, vornehme Männer, deren Vorfahren in Rom geboren waren, durften als Einzige wählen.

Die Gründung Roms
Der Sage nach zog Romulus mit dem Pflug eine Furche, die die Stadtgrenze von Rom markierte. Sein Bruder Remus überschritt diese Linie und wurde vom erzürnten Romulus getötet.

Reichtum und Armut

In der Zeit der Republik bereicherte sich Rom an der Kriegsbeute und an den Abgaben, den Tributen, der besiegten Völker. Auf diese Weise gelangten Kunstwerke aus Griechenland, Metalle aus Spanien sowie Pflanzen und Tiere aus Afrika nach Rom. Doch all diese Schätze kamen nicht allen Römern zugute. Tausende von landlosen Bauern strömten in die Städte, ebenso arme Leute ohne Arbeit und zu Sklaven erklärte Kriegsgefangene.

Die Geburt der Republik
Nach dem Ende der Königsherrschaft entschieden sich die Römer für eine neue Regierungsform, die Republik. Die stimmberechtigten Bürger legten durch Abstimmungen die Gesetze fest. Sie wählten die Männer, die Rom regierten, die Magistraten. Doch auch in diesem System waren nicht alle gleich. Nur die Patrizier, die reichsten Bürger, waren stimmberechtigt. Das Volk, Plebs genannt, besaß kein Wahlrecht, genauso wenig wie Sklaven, Freigelassene und Ausländer.

Erbitterte Kämpfe
Die Plebs kämpfte lange darum, die gleichen Rechte zu erlangen wie die Patrizier. Endlich erreichte sie, dass Tribunen eingesetzt wurden, die Ihre Interessen vertraten. Später gelang es wohlhabenderen Männern aus dem Volk, Magistraten zu werden. Sie sammelten Ehre und Verdienste an, um eine politische Karriere machen zu können. Manche konnten sogar in die höchsten Regierungsebenen aufsteigen, indem sie Konsuln, Stadthalter und Befehlshaber der Armee wurden.

Herren über das Mittelmeer
In der Zeit der Republik unternahmen die Römer Eroberungszüge in ganz Italien. Zudem führten sie hundert Jahre lang Krieg gegen die nordafrikanische Stadt Karthago, bis sie sie schließlich zerstörten. Dann zogen die römischen Armeen gegen Spanien, Südgallien und die griechischen Königreiche in den Krieg. Schließlich beherrschten die Römer einen großen Teil der Gebiete rings um das Mittelmeer, das sie stolz als Mare nostrum bezeichneten: »unser Meer«.

Roms Stärke, seine Armee

Dank seiner Armee konnte Rom riesige Gebiete erobern und seine Macht dort lange Zeit aufrechterhalten. Die Einheiten der Armee, die Legionen, waren äußerst effektive Kampfverbände.

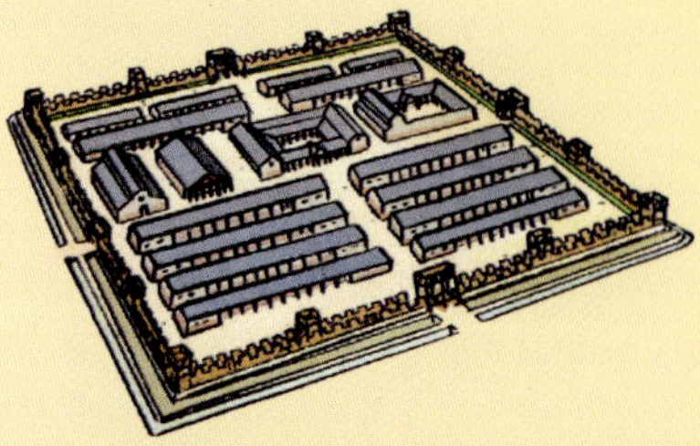

Perfekte Organisation
Eine Legion bestand aus 5000 bis 6000 Soldaten und wurde von 120 Reitern begleitet, die als Kundschafter und Boten dienten. Jede Legion hatte eine Nummer, einen Namen und sogar einen Spitznamen. Sie war in zehn Kohorten unterteilt. Die Kohorten wiederum zerfielen in drei Manipel aus je zwei Zenturien. Eine Zenturie war eine 100 Mann starke Truppe. Im 1. Jahrhundert v. Chr. gehörten der Armee 25 Legionen und damit mehr als 130 000 Soldaten an.

Helm eines römischen Legionärs

Rekrutierung und Ausbildung
Ab seinem 17. Lebensjahr konnte sich ein römischer Bürger für eine 20-jährige Dienstzeit beim Militär verpflichten. Arme Bauern stellten in der Armee die große Mehrheit. Als einfache Soldaten hatten sie die schwersten Arbeiten zu übernehmen, sie mussten z. B. Brennholz beschaffen und kochen. Sie lernten den Umgang mit Waffen, reiten und schwimmen. Jede Verfehlung wurde bestraft. Wer ungehorsam war, erhielt keine Lebensmittelration, bei schwereren Vergehen drohte die Hinrichtung.

Soldatenkost
Die Ernährung war sehr einfach. Meist gab es Brot oder Getreidebrei. Die Legionäre tranken Wasser und einen sehr sauren Wein. Mit einem Teil ihres Solds bezahlten sie die Mahlzeiten, mit einem anderen kauften sie sich das Salz dazu.

Ein befestigtes Armeelager

Im 1. Jahrhundert v. Chr. lebten in diesem befestigten Lager, dessen Fläche von 20 Hektar ungefähr der Größe von 28 Fußballfeldern entsprach, 5000 Legionäre. Je nach Dienstgrad waren sie in unterschiedlichen Gebäuden untergebracht.

1. **Stallungen**
2. **Wachttürme**
3. **Speicher und Lagerräume**
4. **Lazarett**
5. **Haus des Legaten**
6. **Haus des Präfekten**
7. **Festungsanlagen**
8. **Soldatenunterkünfte**
9. **Eine Zenturie verlässt für eine Übung das Lager.**
10. **Vom Wachtturm aus beobachtet ein Legionär die Umgebung.**
11. **Soldaten stellen vor ihrer Unterkunft ihr Gepäck zusammen.**
12. **Eine Unterredung des Legaten mit dem Präfekten. Der Legat ist für die Organisation des Lagers zuständig.**
13. **Ein verletzter Legionär wird ins Lazarett gebracht.**
14. **Ein Zenturio, der Befehlshaber einer Zenturie, übt mit Legionären das Marschieren.**

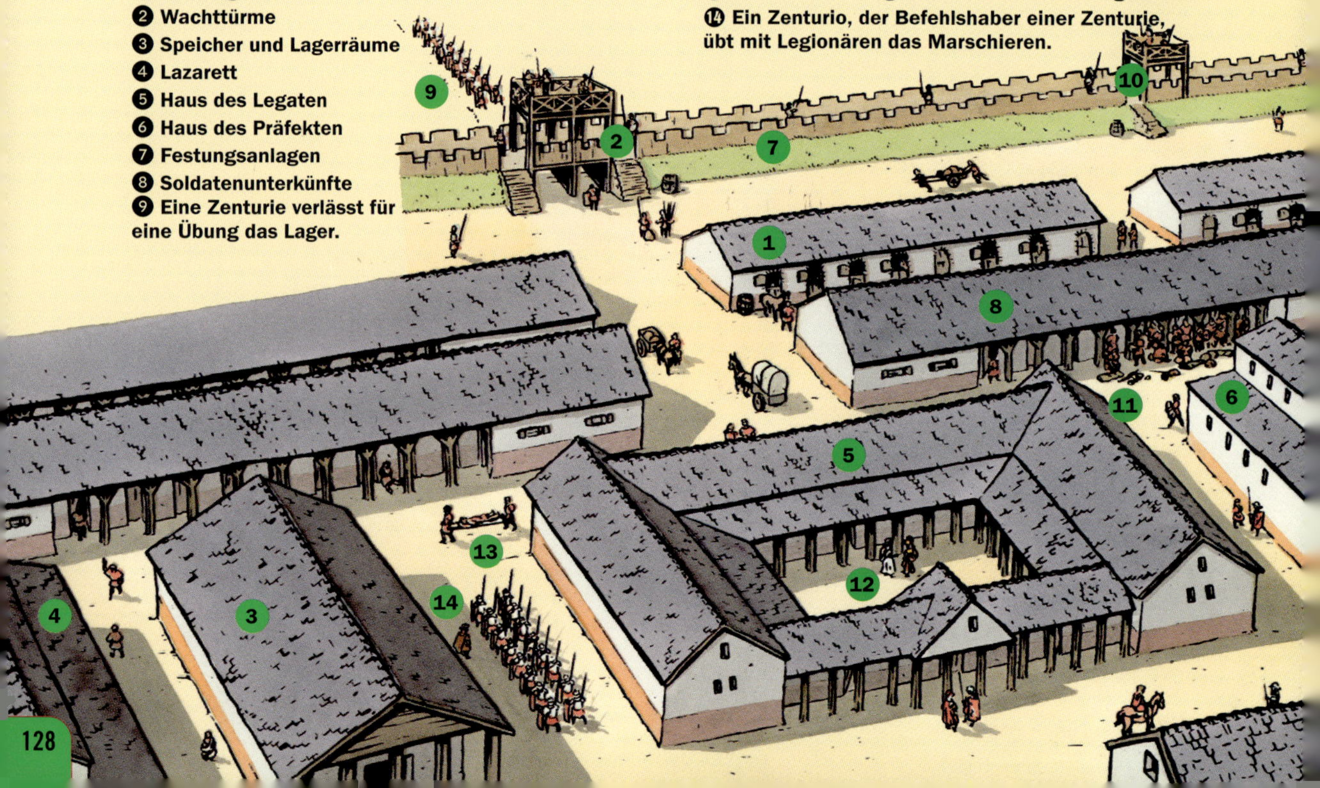

Der Adlerträger

Dieser Legionär trug den mit einem Adler verzierten Holzstab, das Zeichen der römischen Legionen. Wenn der Feind in der Schlacht den Adler erobern konnte, war die Legion entehrt.

Der einfache Soldat

Er trug den Vorläufer unseres Rucksacks, in dem er 40 kg Gepäck unterbringen konnte.

Soldatenlager

Auf Kriegszügen schlugen die Legionäre Lager aus Leinwandzelten auf. Sie schliefen nur vier oder fünf Stunden und brachen bei Sonnenaufgang das Lager wieder ab. An den Grenzen des Römischen Reiches errichteten sie feste Lager mit einer Wehrmauer aus Holz oder Stein, die mit Wachttürmen und Toren versehen war. Diese festen Lager waren beinahe kleine Städte. Es gab einfache Gebäude als Soldatenunterkünfte, Wohnräume für die Offiziere, Stallungen, ein Lazarett, eine Schmiede und sogar ein Gefängnis.

Schwer beschäftigt

Die Legionäre hatten kaum Freizeit. In Friedenszeiten bauten sie Straßen, Brücken und Aquädukte für die Wasserversorgung. Die Landvermesser der Armee planten sehr gerade und ebene Straßen. Um die Entfernungen zwischen Städten abzumessen, stellten sie alle tausend Schritt einen Stein am Straßenrand auf. Dies waren die Meilensteine.

Kriegsmaschinen

Die Römer bauten Kriegsmaschinen, mit denen sie feindliche Befestigungsanlagen zerstören konnten. Die Balisten waren massive, nicht transportierbare Wurfmaschinen, mit denen man über 45 Kilogramm schwere Baumstämme oder Steine schleuderte. Onager waren riesige Schleudern. Mit ihnen schossen die Legionäre brennende Talg- oder Harzkugeln ab. Als Geschosse der leichteren Katapulte dienten Pfeile.
Die Römer entwickelten auch Sturmleitern und Belagerungstürme, welche dem Angriff auf Befestigungen dienten.

Vernünftiges Schuhwerk

Die römischen Legionäre müssen verfroren gewesen sein. Denn Archäologen entdeckten, dass sie in England Socken trugen. Die Sohlen der Sandalen waren unten mit Nägeln beschlagen. Auf diese Weise nutzten sie sich auf den langen Märschen nicht so schnell ab.

Das Schwert der Legionäre hieß »gladius«. Es war kurz und zweischneidig.

Vercingetorix und Julius Cäsar

Im Jahr 52 v. Chr. fand in Gallien eine entscheidende Schlacht statt. Der große römische Konsul Gaius Julius Cäsar wollte sein Reich vergrößern, sein Gegner der gallische Häuptling Vercingetorix versuchte die Unabhängigkeit Galliens zu erhalten.

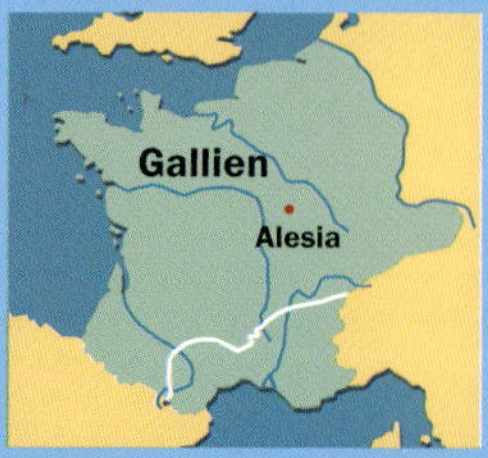

Büste von Julius Cäsar

Julius Cäsar, ein ehrgeiziger Römer
Der um 100 v. Chr. geborene Gaius Julius Cäsar stammte aus einer wohlhabenden und angesehenen Patrizierfamilie. Sein Auftreten und seine Ausstrahlung nahmen die Massen für ihn ein und begünstigten seine politische Karriere. 59 v. Chr. wurde er zum Konsul gewählt. In der Hoffnung, sich einen Namen als Feldherr zu machen, führte er einen Feldzug nach Gallien an.

Vercingetorix, ein unbeugsamer Gallier
Dieser adelige Gallier war Oberhaupt der Arverner, eines im Herzen Galliens lebenden Volkes. 52 v. Chr. wurde er von mehreren verbündeten gallischen Völkern zum Anführer im Krieg gegen Cäsar gewählt. Er empfahl seinen Verbündeten, ihre eigenen Getreidevorräte und Dörfer zu zerstören, damit die durch Gallien marschierenden römischen Truppen keine Nahrung mehr fanden. Nach mehreren Gefechten zog sich Vercingetorix in das befestigte Dorf Alesia zurück, das Cäsar angreifen wollte.

Verteidigungsanlagen der Gallier und der Römer

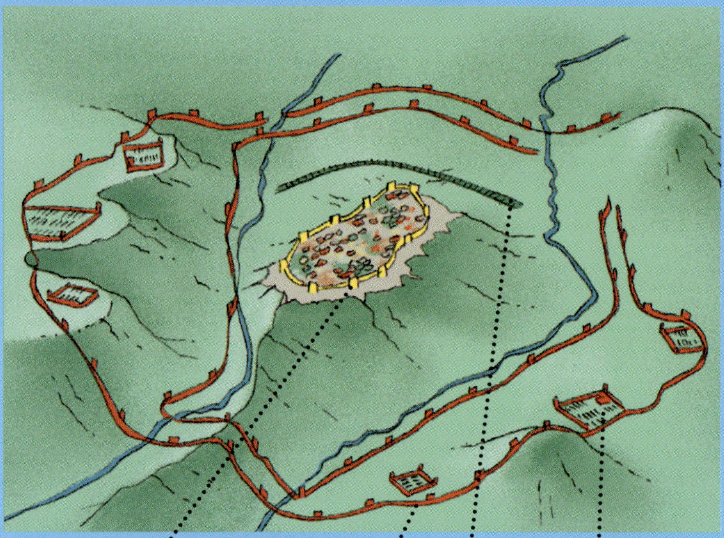

Rings um Alesia legten die Legionäre innerhalb von fünf Wochen eine riesige Befestigungsanlage an. Sie bestand aus kilometerlangen Palisaden, Gräben, Türmen und Fallen.

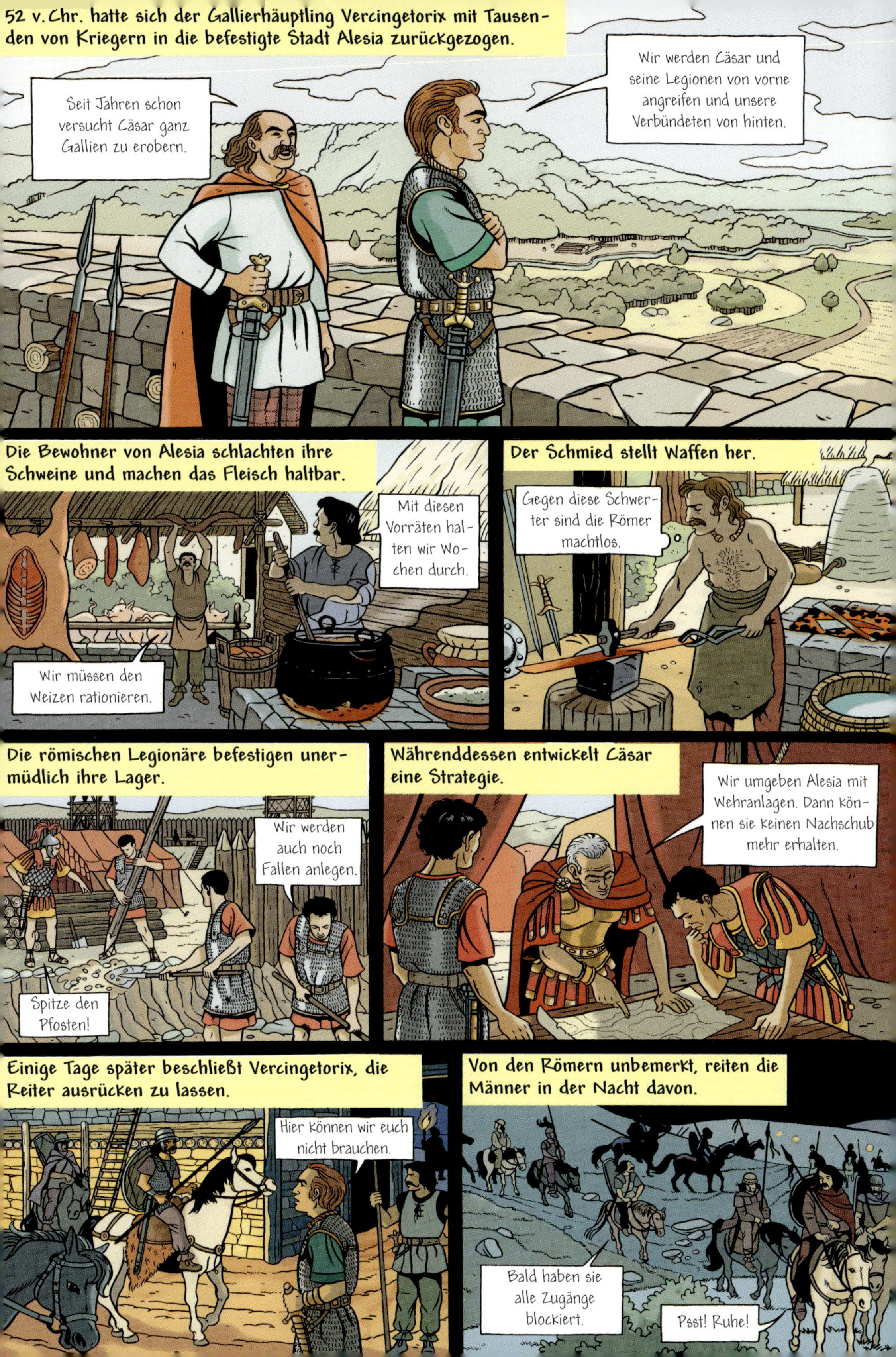
52 v. Chr. hatte sich der Gallierhäuptling Vercingetorix mit Tausenden von Kriegern in die befestigte Stadt Alesia zurückgezogen.
Seit Jahren schon versucht Cäsar ganz Gallien zu erobern.
Wir werden Cäsar und seine Legionen von vorne angreifen und unsere Verbündeten von hinten.
Die Bewohner von Alesia schlachten ihre Schweine und machen das Fleisch haltbar.
Mit diesen Vorräten halten wir Wochen durch.
Wir müssen den Weizen rationieren.
Der Schmied stellt Waffen her.
Gegen diese Schwerter sind die Römer machtlos.
Die römischen Legionäre befestigen unermüdlich ihre Lager.
Wir werden auch noch Fallen anlegen.
Spitze den Pfosten!
Währenddessen entwickelt Cäsar eine Strategie.
Wir umgeben Alesia mit Wehranlagen. Dann können sie keinen Nachschub mehr erhalten.
Einige Tage später beschließt Vercingetorix, die Reiter ausrücken zu lassen.
Hier können wir euch nicht brauchen.
Von den Römern unbemerkt, reiten die Männer in der Nacht davon.
Bald haben sie alle Zugänge blockiert.
Psst! Ruhe!

Nach einigen Wochen beruft Vercingetorix eine Ratsversammlung ein.
Die Römer haben uns umzingelt.
Die Verstärkung lässt auf sich warten, die Vorräte werden knapp.
Wir müssen die unnützen Esser opfern.
Bald werden Frauen, Kinder und Alte aus der Stadt gejagt.
Was soll nur aus uns werden?
Tagelang irren sie hungernd um die Stadt.
Wir werden alle sterben.
Die Römer lassen uns nicht passieren.
Plötzlich, eines Morgens, taucht die Verstärkung der Gallier hinter einer Hügelkuppe auf. Es sind Tausende von Männern.
Zenturionen, versammelt eure Männer!
Mithilfe von Seilen erklimmen die Gallier die römischen Palisaden.
Zum Angriff!
Weitere mit Schwertern bewaffnete Gallier folgen.
Zieht euch zurück! Die Römer metzeln uns nieder.

Vercingetorix wird gefangen genommen. Sechs Jahre später zwingt man ihn, in Ketten an Cäsars Triumphzug durch die

Ein Weltreich entsteht

Im 1. Jahrhundert v. Chr. kam es aufgrund von Kämpfen zwischen ehrgeizigen Feldherrn zu einem Bürgerkrieg. Nachdem Cäsars Neffe die Macht an sich gerissen und die Ordnung wiederhergestellt hatte, trat das Kaiserreich an die Stelle der Republik. Unter dem Namen Augustus ernannte sich Oktavian zum ersten von achtzig römischen Kaisern.

Die Ermordung Cäsars
Nach seinem Sieg in Gallien trat Cäsar an der Spitze seiner treuen Armee einen Ägyptenfeldzug an. Sein großer Ruhm und sein Ehrgeiz begannen die Römer zu beunruhigen. Bald wurde getuschelt, Konsul Cäsar wolle Kaiser werden, um allein über Rom zu herrschen. 44 v. Chr. wurde Cäsar von Verschwörern erdolcht.

Der Aufstieg Oktavians
Cäsars Neffe und Adoptivsohn Oktavian beschloss, ihn zu rächen. Er forderte die alten Feinde seines Onkels heraus und besiegte sie 31 v. Chr. in Actium in Italien. Damit war der Bürgerkrieg beendet und Oktavian ließ sich als Friedensstifter feiern.

Ein einziges Oberhaupt
Nach seiner Rückkehr nach Rom gelang es Oktavian, die Republik in ein Kaiserreich umzuwandeln. In diesem neuen Regierungssystem lag alle Macht beim Kaiser, der kein anderer als Oktavian selbst war. Er gab sich den Ehrennamen Augustus und stellte sich damit auf eine Stufe mit den Göttern. Gleichzeitig ernannte er sich zum Oberbefehlshaber der Armee und nahm den Titel Kaiser an. Von nun an war er derjenige, der Gesetze erließ und Recht sprach. Später wurde er außerdem auch zum religiösen Oberhaupt erklärt.

Diese Goldmünze trägt das Porträt des Augustus.

Der reichste Römer
Es stellte sich heraus, dass der Kaiser reicher als das Römische Reich war. Als Adoptivsohn Julius Cäsars erbte er dessen Vermögen, das er um Kriegsbeute und die Abgaben der besiegten Städte mehrte. Für seine Siege wurde er mit Goldkronen geehrt. Sein Reichtum trug dazu bei, dass seine Macht zunahm. Um sich die Sympathien der Plebs, des niederen Volkes, zu erhalten, ließ Augustus kostenlos Getreide verteilen und veranstaltete Gladiatorenkämpfe und andere Spiele.

Ein riesiges Reich
Augustus verwirklichte Cäsars Traum. Ein Reich, in dem Abendland und Morgenland vereint waren. Die Provinzen des Reiches wurden von Gouverneuren verwaltet. Das Römische Reich erstreckte sich nun von Britannien (England) im Norden bis Ägypten im Süden und hatte 80 Millionen Einwohner. Augustus starb 14 n. Chr., nach 45-jähriger Regierungszeit.

Rom, der Mittelpunkt der Welt
Mit knapp einer Million Einwohnern war Rom die größte Stadt der Welt. In der Regierungszeit von Augustus wurde sie um zahlreiche Bauwerke bereichert, die vor allem rund um das Forum, den Hauptplatz, entstanden. Rom wurde zur Kommandozentrale des Reiches.

Sie wurden geliebt oder gehasst und manche von ihnen wurden ermordet. Diese Kaiser prägten die Geschichte des Römischen Reiches.

Augustus

Caligula

Nero

Regierungszeit — Augustus: **27 v. Chr.–14 n. Chr.** — Caligula: **37–41 n. Chr.** — Nero: **54–68 n. Chr.**

Kaiserliche Münzen

Rom gab bereits seit drei Jahrhunderten Münzen aus Silber und Bronze heraus, als Augustus ein neues Währungssystem einführte, das jahrhundertelang bestehen bleiben sollte. Die neuen kaiserlichen Münzen waren aus Gold, Silber oder Bronze und hießen As, Denar und Sesterze. Im ganzen Reich dienten sie als Zahlungsmittel.

Mark Aurel
98–117 n. Chr.

Trajan
117–138 n. Chr.

Hadrian
161–180 n. Chr.

Konstantin
324–337 n. Chr.

Roms Bauwerke

Menschen der Antike, die aus den Provinzen kamen, um Rom zu besuchen, waren von den herrlichen Bauwerken der Stadt beeindruckt, von ihren Tempeln, Aquädukten und Prachtbauten. Jedes von ihnen diente einem bestimmten Zweck. Viele davon stehen noch heute.

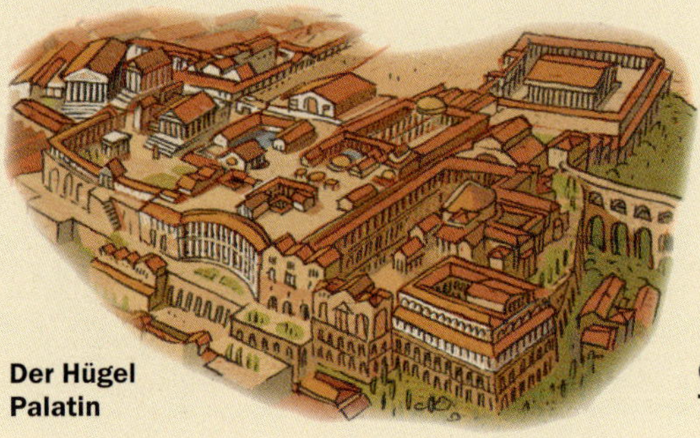

Der Hügel Palatin

Caracalla-Thermen

❶ Das Kolosseum
Es war das größte Amphitheater der römischen Welt. Es war oval, 52 Meter hoch und bot 50 000 Zuschauern Platz. In seiner Arena wurden Gladiatorenkämpfe und Kämpfe mit wilden Tieren veranstaltet. Die Käfige waren im Untergeschoss untergebracht. Für seine Einweihung wurde die Arena in einen künstlichen See verwandelt, auf dem eine Seeschlacht stattfand.

❷ Der Palatin
Dieser Hügel gilt als Wiege Roms. Hier wohnten zunächst die Adeligen, später auch die Kaiser. Im Laufe der Zeit verbanden sich die Gebäude zu einem einzigen Palastkomplex mit Privatgemächern, einem Speisesaal für Empfänge, einem Tempel und anderen Bereichen. Vom hoch gelegenen Palast aus konnte der Kaiser die Spiele im Circus Maximus verfolgen, der am Fuße des Palatins lag.

❸ Der Circus Maximus
In diesem riesigen Zirkus, dem größten im ganzen Reich, fanden Wagenrennen statt. Das Bauwerk ist 621 m lang und 118 m breit. Jongleure und Tänzerinnen lockten vor dem Gebäude die Zuschauer an. Der Circus nahm 350 000 Menschen auf.

❹ Die Caracalla-Thermen
Die prunkvollen Thermen boten Platz für 1600 Badegäste. Sie wurden im 3. Jahrhundert n. Chr. auf Befehl des Kaisers Caracalla errichtet. Die Römer besuchten sie, um sich zu waschen, in den Wasserbecken zu entspannen, Sport zu treiben, in der Bibliothek zu lesen oder aber die in den Thermen ausgestellten Kunstwerke zu bewundern. Die Caracalla-Thermen waren ein beliebter Treffpunkt.

❺ Das Forum Romanum
Dieser Platz am Fuße des Kapitols war das Herz der Stadt und ein wichtiges Handelszentrum. Ringsherum standen Tempel, darunter der Tempel der Vesta, dessen heiliges Feuer niemals verlöschen durfte. Außerdem befand sich am Forum die Kurie, der Sitz der Magistraten. Quer über das Forum führte die Via Sacra. Für besonders wichtige Siege wurden Feldherrn mit einem Triumphzug auf dieser Straße geehrt. Weitere Bauwerke am Forum waren die Basiliken, große Gebäude, die als politische, Verwaltungs- und Finanzzentren dienten und in denen Recht gesprochen wurde.

Rom, die Stadt des Wassers

Die öffentlichen Brunnen auf Plätzen und an Kreuzungen versorgten das Volk mit Wasser. Hier füllten die Leute ihre Amphoren auf. Nur die Häuser der Reichen waren direkt an die Wasserversorgung angeschlossen. Im 4. Jahrhundert gab es in Rom 1000 Brunnen.

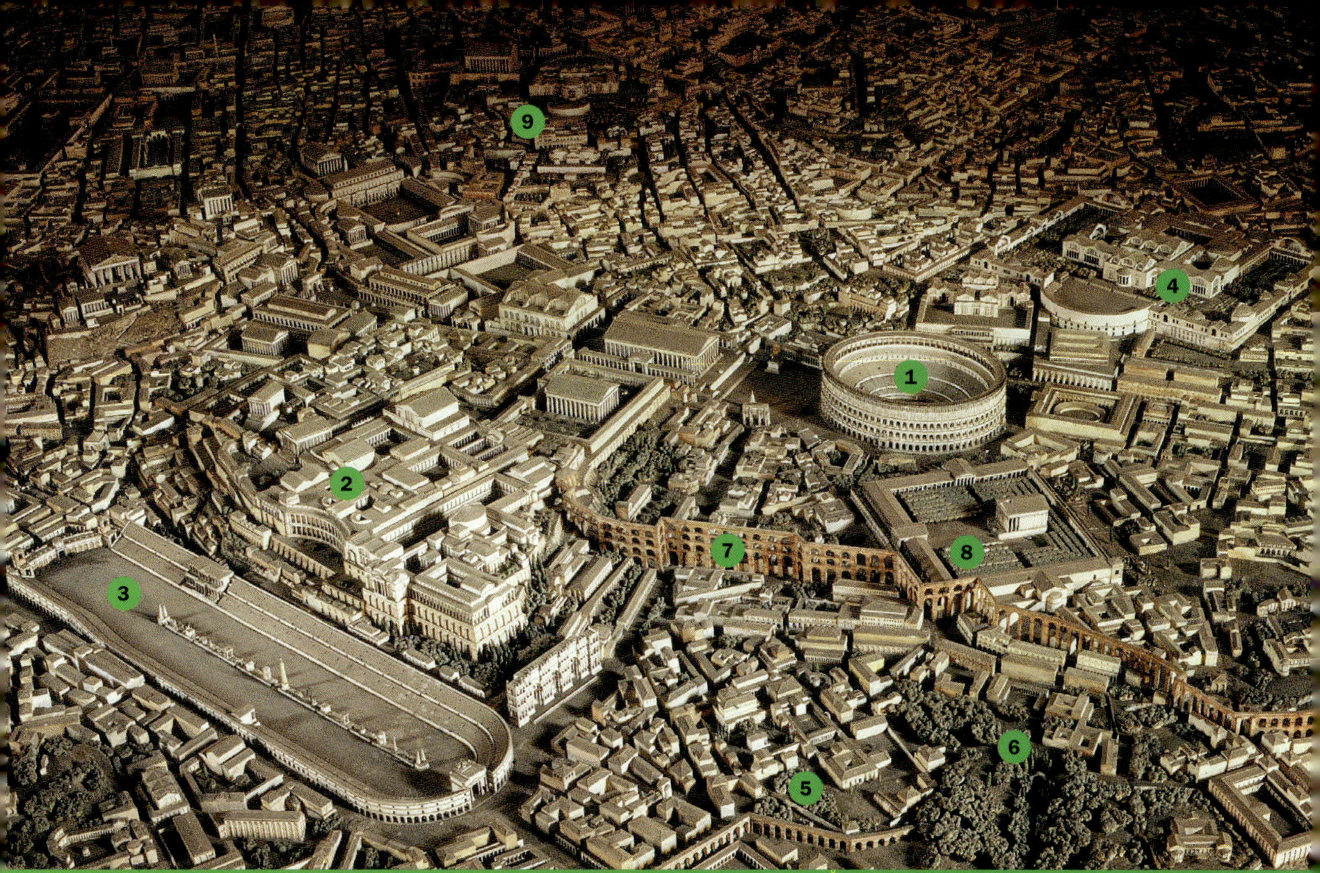

Modell der römischen Innenstadt

6 Die Kaiserforen
Sie entstanden in der Nähe des zu klein gewordenen Forum Romanum. Statuen und aufwendige Bauwerke führten dem Volk die kaiserliche Macht vor Augen.

7 Das Aquädukt
Diese in beträchtlicher Höhe geführte Leitung versorgte die öffentlichen Brunnen, die Häuser wohlhabender Römer und die Thermen mit Wasser. Den höchsten Verbrauch hatten die Thermen.

8 Der Kapitol
Der mit 460 m Länge und 180 m Durchmesser kleinste römische Hügel war das religiöse Zentrum der Stadt. Auf ihm thronte ein Tempel, der drei Gottheiten gewidmet war, dem Himmelsgott Jupiter, seiner Gattin Juno, der Beschützerin der Frauen und der Ehe, und der Minerva, Göttin der Weisheit und des Krieges.

9 Das Pantheon
Der »Tempel aller Götter« war zugleich der Tempel der Kaiser. Hadrian ließ ihn im 2. Jahrhundert n. Chr. wiederaufbauen. Das Pantheon war mit rotem Vulkangestein und buntem Marmor verziert und von einer Kuppel gekrönt.

Das Forum Romanum

Die Gesellschaft

Männer, Frauen und Kinder, Sklaven und Ausländer hatten in der römischen Republik nicht die gleichen Rechte. Später, im Kaiserreich, entwickelte sich eine neue Gesellschaft. Die Frauen genossen allmählich soziale Anerkennung und konnten einen gewissen Einfluss auf das öffentliche Leben ausüben.

Die Bürger
In der Gesellschaft galt eine strenge Rangordnung. Nur freie Männer konnten römische Bürger sein, doch Bürger war nicht gleich Bürger. Die vornehmen Männer bildeten die Klasse der Patrizier. Die meisten von ihnen waren Politiker, Bankiers oder Besitzer von Handelsschiffen. Die Bürger der zweiten Klasse, die Ritter, nahmen Posten in der Armee oder der Verwaltung ein. Die Männer aus der Plebs, dem einfachen Volk, waren in der Mehrzahl Handwerker oder Kleinbauern, die Wein, Olivenbäume und Weizen anbauten und Vieh hielten.

Die Frauen
Lange Zeit besaßen die römischen Bürger das Recht über Leben und Tod ihrer Frauen. Im Kaiserreich änderte sich das zugunsten der Frauen. Sie konnten nicht wählen, genossen jedoch eine gewisse Freiheit. Reiche Frauen durften die Thermen besuchen und an Festmählern teilnehmen, manche wurden Priesterinnen. Die einfachen Frauen arbeiteten häufig als Händlerinnen, Friseurinnen und Hebammen. In Rom und Pompeji gab es sogar einige Unternehmerinnen.

Die Sklaven
In Rom lebten sehr viele Sklaven. Alle Kinder von Sklavinnen waren ebenfalls Sklaven. Kriegsgefangene und festgenommene Piraten

Ein römischer Bäcker
Die römischen Bäcker waren gleichzeitig Müller und verarbeiteten das Getreide zu runden Brotlaiben.

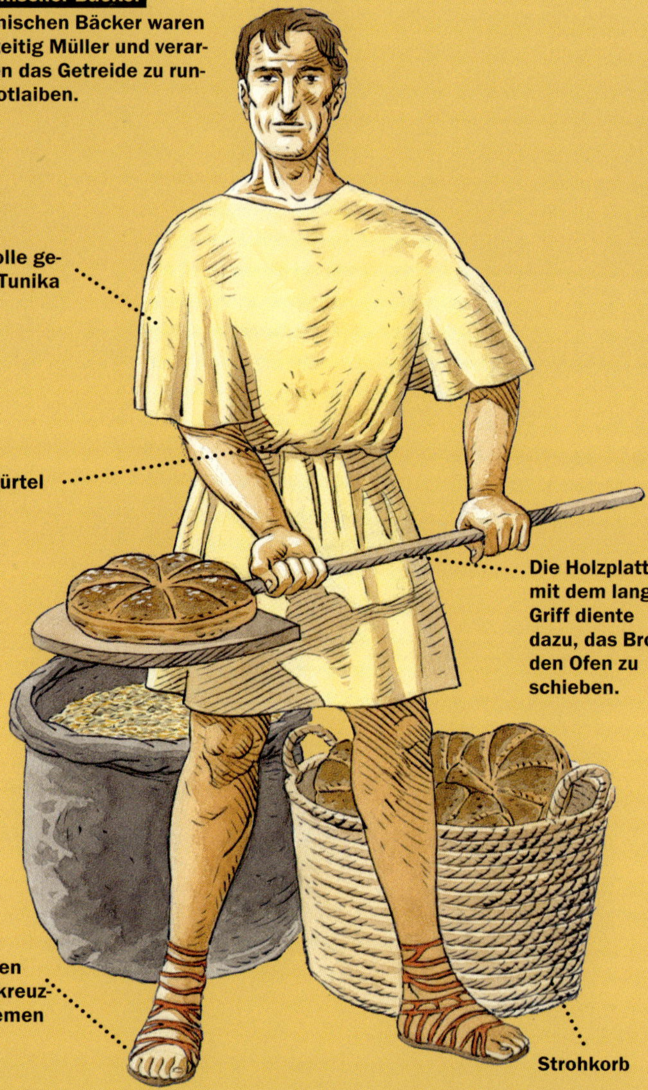

Die lateinische Sprache

Nicht alle Bewohner des Römischen Reiches sprachen Latein, doch viele verstanden es zumindest. In Süditalien war Griechisch gebräuchlich. In anderen Teilen sprachen die Menschen ihre Landessprache. Römer, die lesen und schreiben konnten, hinterließen auf den Mauern der Häuser, der Kasernen oder Latrinen gerne Graffiti und schrieben auf die Wände.

Der Walker
Er war ein Färber, der die Togen bleichte.

Damit der Schmutz sich löste, weichte er die Toga in mit Lehm gemischtem Wasser ein.

Zum Schluss wurden die Togen in einer Presse geglättet.

wurden auf dem Sklavenmarkt des Forums verkauft und hatten keinerlei Rechte. Im Haushalt ihrer Besitzer konnten sie mit den unterschiedlichsten Aufgaben betraut werden. Im Kaiserreich wurden viele Sklaven freigelassen, entweder zur Belohnung für geleistete Dienste oder weil sie Geld gespart hatten und sich freikaufen konnten.

Die Jugend

Kleine Jungen spielten das Knöchelchenspiel oder vergnügten sich mit Reifen und Drachen. Mädchen besaßen Gliederpuppen aus Holz. Sie wurden von der Mutter erzogen und lernten von ihr, wie man einen Haushalt führt.

Die Söhne wohlhabender Familien besuchten ab dem siebten Lebensjahr die Schule. Dort erlernten sie Rechnen, Lesen und Schreiben auf Latein und häufig auch auf Griechisch. Wer sein Studium nach der Schule fortsetzen wollte, befasste sich mit der Redekunst.

Die Namen der Römer

Die römischen Bürger hatten einen Vornamen, einen Familiennamen und einen Beinamen. Häufig erhielt der älteste Sohn den Vornamen des Vaters. Vom Vornamen wurde nur der Anfangsbuchstabe geschrieben. Er erinnerte häufig an ältere römische Stämme oder an eine Nationalität. Der Beiname spielte auf den Beruf oder aber auf eine körperliche Besonderheit an, z. B. auf eine Glatze. Beliebte Spitznamen waren Cicero, was »Kichererbse« bedeutete, und Agricola, »Bauer«.

Der schwarze Sklave trägt Körbe mit Fischen.

Die Villa eines reichen Römers

Jede wohlhabende römische Familie besaß ein »domus« genanntes Stadthaus. Häufig gehörten ihr zusätzlich Ländereien und ein Haus auf dem Land, die »Villa«. In diesen Häusern wohnten die römischen Patrizier mit ihren Familien und Sklaven.

❶ Die Eingangstür war aus Holz, mitunter auch aus Bronze. Ein in den Boden eingelassenes Mosaik hieß die Gäste mit einem »Salve« (»Guten Tag«) oder einem ähnlichen Gruß willkommen. Es gab auch Mosaike, die einen Hund abbildeten und die Warnung »cave canem« (»Hüte dich vor dem Hund«). Der Eingangsbereich grenzte an den Innenhof, das »atrium«.

❷ In einem Lagerraum wurden Amphoren mit Wein und andere Vorräte aufbewahrt.

❸ Die Küche war klein und einfach eingerichtet. Es gab dort einen Tisch, einen Ausguss und einen Herd.

In den Straßen von Rom

Einsturzgefährdete Mauern wurden mit Balken abgestützt.
Ein Maurer, er errichtete und reparierte Gebäude.
Müll wurde einfach aus dem Fenster geworfen.
Ein Schlangenbeschwörer
Ein Bettler
Ein Brunnen. In den Mehrfamilienhäusern gab es kein fließendes Wasser.
Beim Korbflechter konnte man Körbe und Möbel kaufen.
Ein Barbier, er schnitt das Haar und rasierte.
Ein Straßenhändler
Ein Wasserträger
Eine Straße aus gestampftem Lehm. In ihrer Mitte floss Schmutzwasser ab.

Die Wäsche wurde im Innenhof zum Trocknen aufge-hängt.
Kohlebecken beheizten die Räume und wurden als Grill benutzt.
Eine Sklavin bereitet in der Küche eine Mahlzeit zu.
Eine Öllampe
In dieser Kammer wur-den Lebensmittelvorräte gelagert.
Eine gepflasterte Stra-ße, die Fußgänger überquerten sie auf er-höhten Steinplatten.

Dieses Paar hatte sein Porträt auf eine Wand seiner Villa malen lassen.

8 Wandfresken

9 Ein überdachter Gang, der einen kleinen Garten umgab

10 Die Schlafzimmer waren klein und befanden sich im Erdgeschoss oder im ersten Stock. Sie hatten keine Fenster und enthielten oft nur ein mit Decken und Kissen ausgestattetes Bett. Mitunter standen auch eine Truhe und ein Frisiertisch im Zimmer. Fresken verzierten die Wände.

11 Das Esszimmer war mit Bänken, Truhen, niedrigen rechteckigen und runden Tischen möbliert.

12 Die Dächer waren mit ockerfarbenen Ziegeln aus gebranntem Ton gedeckt.

4 Fußbodenmosaike

5 Der Innenhof war das Herz des Hauses. Das Becken in seiner Mitte fing das vom Dach herabfließende Regenwasser auf.

6 Die Öffnung im Dach darüber ließ Regenwasser und Licht durch.

7 Die »latrina« (Toilette) ist auf der Abbildung nicht eingezeichnet, müsste sich aber ungefähr an dieser Stelle befunden haben. Weil sie und die Küche mit Abflussrohren an die Kanalisation angeschlossen waren, lagen diese beiden Räume oft nebeneinander. Die Toilette konnte von mehreren Leuten gleichzeitig benutzt werden.

Unter dem Dach wohnten sehr arme Menschen.
Die Latrinen. Für die Benutzung der öffentlichen Toiletten musste man bezahlen.
Nur Jungen besuchten die Schule.
Eine Sänfte
Ein Esszimmer
Der Hausaltar für die Laren, die Hausgötter der Familie
In der Bäckerei wurde außer Brot auch eine Art Pizza verkauft. Sie war ohne Tomaten, die man damals in Europa noch nicht kannte.

Mahlzeiten und Ernährung

Reiche und arme Römer aßen nicht das Gleiche. Die Reichen hielten üppige Festmähler ab und genossen Köstlichkeiten aus der ganzen bekannten Welt. Die Armen mussten mit einfachen, schnell zubereiteten Speisen zufrieden sein, die sie fertig gekocht kauften.

Brot für alle

Brot war das Grundnahrungsmittel der Römer, doch der in Italien angebaute Weizen reichte für die Versorgung der Bevölkerung nicht aus. Ab dem 1. Jahrhundert v. Chr. verteilte die Regierung an die ärmsten Stadtbewohner kostenlosen Weizen. 200 000 in das staatliche Register eingetragene Familien erhielten auf diese Weise jeden Monat 35 kg Getreide aus Ägypten und Nordafrika.

Einkaufen

In den belebten Straßen Roms bekam man rund um die Uhr etwas zu essen. Straßenhändler boten Krapfen an. In den Garküchen erhielt man gegrillte Würste, Zwiebeln und warme Gerichte wie z. B. Fleischeintöpfe. Auf dem Markt des Forums verkauften Bauern aus der Umgebung ihre Produkte. Fleisch, Eier und Gemüse wurden unverpackt erworben. Wer Wein holen wollte, brachte eine Amphore mit.

Zu Hause oder auswärts essen

Viele Römer nahmen die Mahlzeiten zu Hause ein, doch arme Leute hatten oft keine Küche und mussten ihr Essen auf der Straße kaufen. Wer wohlhabend war, aß dreimal am Tag. Zum Frühstück gab es Brot, Getreidebrei, Ziegen- oder Schafskäse und Oliven. Kinder knabberten trockene Kekse. Das leichte Mittagessen konnte aus einem Stück kaltem Braten, Brot und frischem oder getrocknetem Obst bestehen. Das gegen 15 Uhr eingenommene Abendessen, die »cena«, war die Hauptmahlzeit des Tages.

Süß und salzig

Die Römer aßen auch gerne Muscheln, Fisch, Schweinefleisch und Geflügel. Viele ihrer Speisen waren salzig und süß zugleich. Das Fleisch würzten sie mit einer bitteren Soße aus fermentiertem Fisch und Eingeweiden. Sie ähnelte der asiatischen Fischsoße, die wir aus Chinarestaurants kennen.

Festmähler

Reiche Familien veranstalteten gerne Festmähler. Die Gäste nahmen im Esszimmer auf Ruheliegen für eine bis drei Personen Platz. Ein Festmahl konnte bis zu sie-

Mit einem Beil teilt der Metzger auf einem Block ein großes Stück Fleisch in kleinere Portionen.

Das Festmahl

Festmähler waren gesellschaftliche Ereignisse. Häufig ließ der Hausherr seine Gäste beim Essen von Musikern und Tänzerinnen unterhalten.

Beim Bäcker erhielt man neben runden Brotlaiben und Hörnchen auch einen Vorläufer der Pizza.

Trog und Mahlstein sind Teile einer Ölpresse. Sie wurde von einem Esel angetrieben und zerquetschte Oliven, bis das Öl austrat, eines der wichtigsten landwirtschaftlichen Erzeugnisse der Römer.

ben Stunden dauern. Auf dem Speiseplan standen unter anderem Austern, gewürzte Seeigel, gebratenes Wildbret, mit Honig und Nüssen gefüllter Thunfisch und Birnenkuchen.

Antike Tischmanieren

Bevor sie zu Tisch gingen, zogen die Gäste ihre Schuhe aus und ließen sich von einem Sklaven die Füße waschen. Dann schlüpften sie in Pantoffeln. Sie aßen mit den Fingern und wuschen sich zwischen zwei Gängen die Hände in parfümiertem Wasser. Tischabfälle warf man einfach auf den Boden. Die Reste des Mahls wurden zum Teil den Gästen mitgegeben, zum Teil von den Sklaven des Gastgebers aufgegessen. Während des Gastmahls brachte man den Göttern zahlreiche Trankopfer dar?

Rom, die Hauptstadt der Mode

Extravagante Damenfrisuren, raffinierter Schmuck, zart oder würzig duftende Parfüms ... Auch im Römischen Reich ging es bei der Mode um mehr als nur darum, etwas anzuziehen. Modetrends kamen in Rom auf und verbreiteten sich von dort aus im übrigen Reich.

Die Toga, die Tracht der Bürger
Alle Römer zogen eine kurze Tunika an. Darüber trugen sie, je nach ihrer sozialen Stellung, unterschiedliche weitere Kleidungsstücke. Die Bürger hüllten sich in ein sechs Meter langes Stoffstück, die Toga. Auf der Straße sah man den Leuten sofort an, welchen Rang sie einnahmen. Die Senatoren, ehemalige Magistraten, trugen eine Toga mit einem breiten Purpurstreifen. Bei den Rittern, die Geschäftsleute waren, musste der Purpurstreifen schmäler sein. Im 1. Jahrhundert n. Chr. trat an die Stelle der Toga ein weiter Mantel.

In seiner Stola, mit aufgestecktem Haar und Schmuck sieht dieses römische Mädchen sehr elegant aus.

Damenmode
Über ihrer Tunika legten die Frauen eine weite Robe an, die Stola, die sie mit Gürtel und Broschen zusammenrafften. Wenn sie ausgehen wollten, hüllten sie sich in die Palla, ein rechteckiger Wollstoff, den sie sich auch über den Kopf ziehen konnten. Die Römer kannten bereits aus China importierte Seide, doch die meisten Stoffe waren aus Leinen oder Baumwolle und wurden im Haus gewebt. Livia, die Gattin von Kaiser Augustus, rühmte sich, die Togen ihres Mannes selbst herzustellen. Die beliebtesten Farben in Sachen Bekleidung, neben schlichtem Weiß, waren alle Töne zwischen Rot und Blau, wie z. B. Violett und Purpur.

Aufsehen erregende Frisuren
Die Frisuren der Römerinnen änderten sich im Laufe der Zeit und hingen von Alter und der sozialen Stellung ab. Die römische Frau trug die Haare nie kurz, sondern immer lang. In der Zeit der Republik steckten die Frauen ihr langes Haar zu einem Knoten auf. Im Kaiserreich entstanden immer aufwendigere Frisuren. Livia trug einen Haarknoten über der Stirn, einen weiteren im Nacken und einen um den Hinterkopf gelegten Zopf. Im 1. Jahrhundert n. Chr. kamen Frisuren in Form von Bienenkörben auf. Männer ließen sich ihr Haar einfach nur kurz schneiden. Denn bei Männern waren lange Haare ein Zeichen von Trauer.

Natürliche Schminke

Reiche Frauen legten Wert auf einen möglichst blassen Teint. Auf diese Weise zeigten sie, dass sie es sich leisten konnten, nicht im Freien zu arbeiten. Sie puderten sich das Gesicht mit Kreidestaub und betonten die Augen mit Asche. Die Lippen färbten sie sich mit Ocker oder Weinstein. Sie parfümierten sich mit Ölen und Salben aus den ätherischen Ölen von Rose, Iris, Veilchen, Zimt und Myrrhe.

Schönheitsutensilien
Mit Brenneisen brannten die Frauen sich Locken. Bänder, Netze, Nadeln und Kämme aus Knochen, Elfenbein oder Holz hielten die Frisur in Form. Wenn die Frauen nachsehen wollten, ob alles gut saß, betrachteten sie sich in Bronze- oder Silberspiegeln. Der Barbier schnitt die Haare mit einer Schere und rasierte die Männer mit einem Rasiermesser aus Bronze.

Raffinierter Schmuck
Die Matronen genannten Ehefrauen der römischen Bürger hatten eine Schwäche für Goldschmuck. Sie trugen Ohrringe, Diademe und Ringe. Am linken Oberarm trugen sie gerne einen Armreif aus Gold oder Kupfer, das häufig mit einem Schlangenmotiv verziert war. Als modisch aktuell galten Kameen, das waren rote, schwarze oder grüne Schmucksteine, in die kleine Figuren oder Ornamente eingraviert waren. Patrizier besaßen Ringe mit Edelsteinen, die aus Ägypten, Spanien oder Indien eingeführt wurden.

Diese Kette aus Gold und Edelsteinen aus dem 4. Jahrhundert ist mit einem Porträt von Kaiser Caracalla verziert und vermittelt einen Eindruck vom römischen Geschmack der Zeit.

1 Stoffschuhe mit dicken Sohlen
2 Hausschuhe für Männer und Frauen
3 Sandalen mit Ledersohle
4 Soldatenschuhe
5 Schuhe für Senatoren
6 Schuhe der Bauern

Das Palium
Im 1. Jahrhundert n. Chr., wurde die weiße Toga vom farbigen »palium« abgelöst.

Die Thermen, Badeparadies und Sportzentrum

Die öffentlichen Bäder nahmen im gesellschaftlichen Leben der Römer eine zentrale Stellung ein. Hier konnte man sich entspannen, Freunde und Nachbarn treffen, plaudern oder aber trainieren.

Badevergnügen
Im 1. Jahrhundert v. Chr. besaßen nur reiche Leute ein eigenes Badezimmer. Um allen Römern die Möglichkeit zu gründlicher Körperpflege zu geben, ließen die Kaiser Thermen erbauen. Diese öffentlichen Bäder hatte es auch schon bei den Griechen gegeben.

Jeder war willkommen
Zu den öffentlichen Bädern war jeder zugelassen – vorausgesetzt, er konnte das Eintrittsgeld bezahlen. Um das Volk bei Laune zu halten, ermöglichten die Kaiser ihrem Volk ab und zu freien Eintritt. Die Thermen waren beim Volk sehr beliebt. Die Römer suchten sie mehrmals in der Woche auf. Die Frauen kamen vormittags und die Männer am späten Nachmittag, denn es durften sich darin nie beide Geschlechter gleichzeitig aufhalten. Die Thermen lockten auch Diebe an. Wenn man sie erwischte, wurden sie hart bestraft und mitunter sogar zum Tode verurteilt.

Sportzentrum
Die Thermen boten auch die Möglichkeit zu sportlicher Betätigung. Die Römer glaubten, vor dem Waschen müsse man schwitzen, damit der Schweiß die Poren reinigte. Deshalb begaben sich viele Besucher zuerst auf den der Therme angeschlossenen Sportplatz. Hier konnten sie Gewichte stemmen und mit einem Gegner ringen oder boxen. Manche Kaiser, darunter Augustus und Nero, spielten Ballspiele. Wer sich nicht zu viel bewegen wollte, konnte sich sonnen oder in einem trockenen Dampfbad schwitzen.

Das Verschwinden der Thermen

Über fünf Jahrhunderte lang waren die Thermen äußerst beliebt. Die Römer bauten sie in allen Städten des Reiches und auch in den Provinzen, in Gallien, Nordafrika und Britannien. Allerdings kostete es viel Geld, die Thermen zu betreiben. Im 4. Jahrhundert wurden die größten öffentlichen Bäder allmählich stillgelegt.

Für die Schönheit
In den Thermen gab es auch Barbiere, die den Badegästen die Haare schnitten und sie rasierten. Masseure sorgten für entspannte Muskeln, Frauen übernahmen die Maniküre.

1 Das Dampfbad
2 Das Heißwasserbecken
3 Der Saal des lauwarmen Wassers. Man suchte ihn zwischen dem heißen und dem kalten Bad auf.
4 Das Becken mit kaltem Wasser unter freiem Himmel.
5 Zuerst rieb man sich mit Olivenöl ein. Dann kratzte man den Film aus Öl, Staub und Schmutz mit einem Metallstriegel von der Haut ab.
6 Massageraum
7 Der Heizraum der Therme
8 Die Garderobe. Hier zogen sich die Badegäste aus und legten ihre Kleidung in Wandnischen.

Spiele und Wettkämpfe

»Brot und Spiele« soll das Motto der römischen Politik gelautet haben. Wagenrennen, Gladiatorenkämpfe und Ringkämpfe waren Unterhaltungen, die vom Volk regelrecht gefordert wurden. Sie verliefen oft sehr blutig und wurden zu Ehren der Götter veranstaltet.

Wagenrennen im Circus Maximus in Rom

Vor die Wagen wurden zwei oder vier Pferde gespannt. Sie waren mit Perlen und Amuletten behängt, die sie schützen sollten. Das linke Pferd gab dem übrigen Gespann die Geschwindigkeit vor.

Der Wagen aus Weidengeflecht war vorne mit Leder gepolstert und nach hinten hin offen. Der Boden bestand aus Holzbrettern, um die Holzräder waren Eisenreifen gespannt.

Die Wagenlenker waren häufig Sklaven. Wer viele Siege errungen hatte, wurde zu einem regelrechten Star, dessen Porträt in Stein gehauen oder aber als Mosaik gelegt wurde. Der Kaiser machte den besten Wagenlenkern großzügige Geschenke und manchmal gab er ihnen sogar die Freiheit.

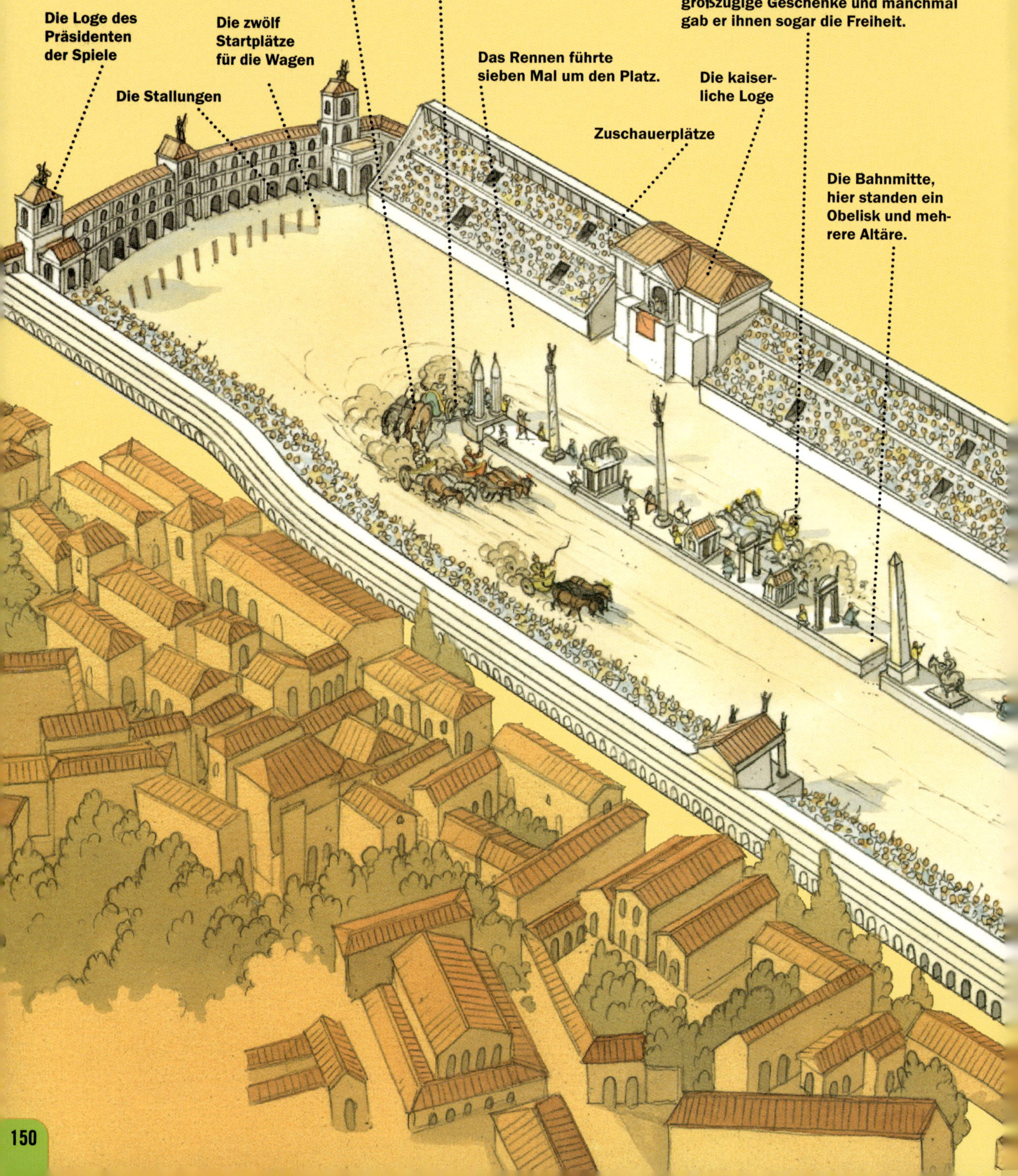

Der Sieger des Wagenrennens wurde mit einem Lorbeerkranz geehrt.

Spartakus, der berühmteste Gladiator

Spartakus, ein ehemaliger Hirte, verpflichtete sich für den Militärdienst und desertierte dann aus der römischen Armee. Er wurde gefangen und zum Sklaven erklärt. Drei Jahre lang führte er einen Sklavenaufstand an, der sich über ganz Italien ausbreitete. Zusammen mit 60 000 weiteren Sklaven wurde er 71 v. Chr. besiegt und getötet.

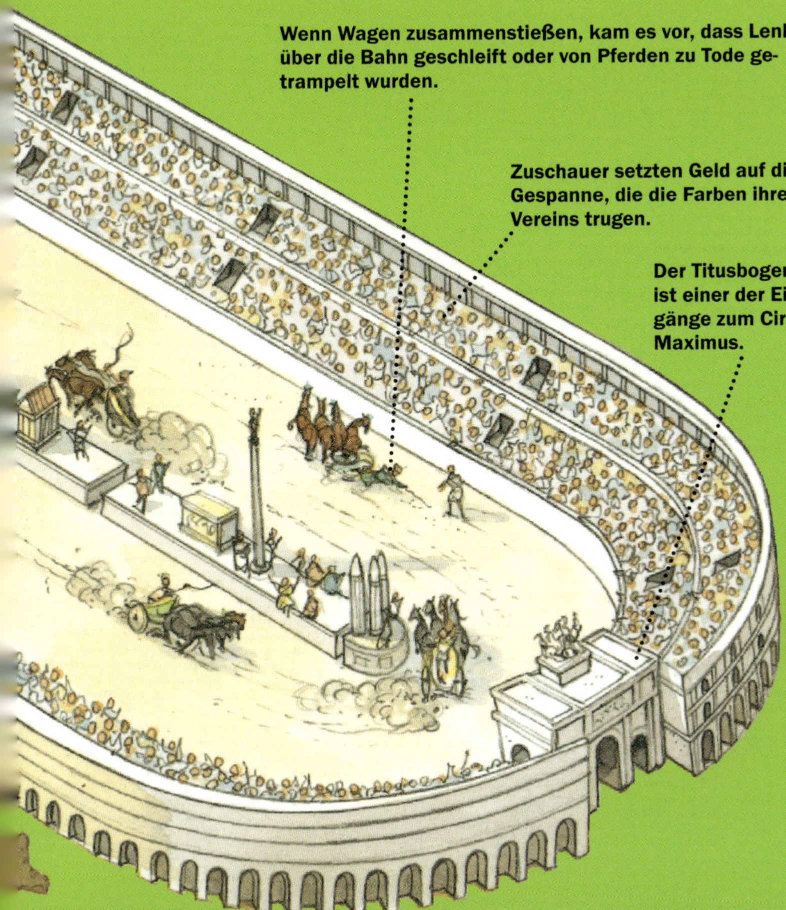

Das Visier des Helms bedeckte das Gesicht. Die aufgebogenen Ränder schützten Nacken und Hinterkopf.

Die Spiele im Amphitheater

Die Römer hatten eine große Leidenschaft für das Boxen, das Ringen und für Kämpfe, bei denen Tiere gegeneinander antraten, beispielsweise ein Bär gegen eine Boa oder zwei Tiger gegeneinander. Noch mehr aber begeisterten sie sich für Gladiatorenkämpfe. Die Gladiatoren waren Sklaven oder Gefangene, die gegeneinander oder gegen wilde Tiere kämpfen mussten. Wenn der Besiegte am Leben blieb, war der Kaiser Herr über dessen weiteres Schicksal. Er ließ aber häufig das Publikum entscheiden.

Ein Gladiator aus Thrakien

Pompeji, die verschüttete Stadt

Im Jahr 79 n. Chr. beobachtete der römische Schriftsteller Plinius der Jüngere aus der Ferne den Ausbruch des Vesuvs. Später berichtete er von der Katastrophe. Durch seine Schriften und durch archäologische Grabungen wissen wir, wie die Bewohner ihre letzten Stunden verbrachten.

Die Mauern der Stadthäuser waren geschmückt mit Fresken, die Tiere, Pflanzen, Figuren, Götter sowie manchmal Porträts der Besitzer zeigten.

Im Schatten eines Vulkans

Im Jahr 79 n. Chr. war Pompeji eine blühende Stadt des Römischen Reiches. Von ihren 20 000 Einwohnern waren 12 000 römische Bürger. Pompeji lag 200 km südlich von Rom, in der Nähe von Neapel und nur 10 km vom Fuße des Vesuvs entfernt. Der Vulkan wirkte harmlos. An seinen fruchtbaren Hängen wurde Ackerbau betrieben. Er schlief seit Jahrhunderten. Allerdings hatte es 62 n. Chr. bereits Erdbeben gegeben.

Eine starke Explosion

Am 24. August 79 n. Chr. erwachte der Vesuv und spuckte Steine und Staub. Eine dicke Wolke verdunkelte den Himmel und ließ kein Sonnenlicht mehr hindurch. Mitten am Tag war es Nacht geworden. Allmählich trieb der Wind die Wolke aus Vulkanasche auf Pompeji zu. Gesteinsbrocken regneten auf die Stadt herab, beschädigten die Gebäude und verletzten die Bewohner.

Angst und Schrecken

Gegen Abend fiel die Asche auf die Stadt und begrub sie

Pompeji, eine wohlhabende Stadt

Auf das Wohlwollen ihrer Schutzgöttin Venus vertrauend, gingen die Einwohner ihren Geschäften nach. Heute ist Pompeji die meistbesuchte historische Stätte Italiens.

Man fand sogar versteinerte Eier.

unter sich. Die feinen Aschepartikel drangen überall ein. Wenn sie in die Atemwege gerieten, erstickten die Menschen. Unter dem Gewicht der Asche und Gesteinsbrocken stürzten die Dächer ein und begruben unter sich alle, die in den Gebäuden Zuflucht gesucht hatten. Die Überlebenden rannten zum Hafen, um auf Schiffen zu fliehen, doch der Vulkanausbruch löste eine Flutwelle aus. Die gesamte Bucht von Neapel war von der Katastrophe betroffen.

Pompeji heute

Am Fuße des Vesuvs leben Menschen, obwohl es durch die vulkanische Aktivität immer wieder zu Erdbeben kommt. Um eine Katastrophe zu verhindern, wird der Vulkan von zwei Forschungsstationen aus beobachtet. In Neapel und auf dem Vesuv wachen Vulkanologen und messen die Aktivität.

Stabium, die Nachbarstadt Pompejis, wurde unter Steinen begraben, Herculaneum versank in einer Schlammflut.

Die verschwundene Stadt

Im 16. Jahrhundert entdeckte man in der Gegend einen Stein, in den der Name der Stadt eingemeißelt war, doch erst im 19. Jahrhundert wurde mit archäologischen Grabungen begonnen.

Eine von einem Archäologen im 19. Jahrhundert entwickelte Technik machte es möglich, von den Opfern Abgüsse herzustellen. Die beim Vulkanausbruch emporgeschleuderte Asche hatte die Leichen wie eine zweite Haut überzogen und in manchen Fällen konnte man die Hohlräume mit Gips ausgießen.

Götter und Religionen

Die Römer waren sehr fromme Menschen. Sie fürchteten den Zorn der Götter und versuchten, sich deren Gunst zu sichern. Sie verehrten ihre Götter zu Hause, im Kreise der Familie und bei öffentlichen Veranstaltungen wie den Spielen. Sie hatten Tausende von Göttern.

Der Glaube der Römer
Jupiter, Juno und Minerva galten im Römischen Reich als die wichtigsten Götter. Im Laufe der Jahrhunderte aber kamen immer mehr Gottheiten dazu. Abeona und Adeona z. B. sorgten dafür, dass kleine Kinder gehen lernten, und Jupiter Stator hielt flüchtende Legionäre auf.

Ausländische Götter

Kaufleute, Sklaven und Legionäre brachten andere Religionen mit nach Rom. So übernahmen die Römer mit der Zeit Götter besiegter Völker und gaben ihnen lateinische Namen. Die Verehrung dieser Götter fand zunächst unter strenger Geheimhaltung statt, doch allmählich wurden viele von ihnen sehr beliebt, darunter die ägyptische Göttin Isis, der persische Gott Mithras und die Göttin Kybele. Religionen, die ein Leben nach dem Tode versprachen, faszinierten die Römer.

Die Anbetung des Kaisers
Augustus war der erste Kaiser, der als Gott angesehen wurde. Statuen stellten ihn an der Seite von Vesta, der Schutzgöttin Roms, dar. Tempel wurden errichtet, um ihn zu ehren. Es war eine Idee der Senatoren, verstorbene Kaiser zu verherrlichen. Diese Ehre bezeichnete man als »Apotheose«. Ab dem 3. Jahrhundert n. Chr. wurden einige Kaiser schon zu Lebzeiten zu Göttern erklärt.

Die Familiengottheiten
Zu Hause leitete der Familienvater die Anbetung der Gottheiten, denn er galt als der Priester der Familie. Er kümmerte sich um das heilige Feuer, das vor dem Hausaltar brannte. Die Penaten und die Laren waren Gottheiten, die das Haus und seine Bewohner beschützten. Vor ihren kleinen Statuen wurden Opfer dargebracht. Die Römer vergaßen auch nicht, die Manen zu ehren, die Geister der Vorfahren, da sie befürchteten, dass deren Seelen sonst kommen und sie quälen würden.

Priester und Priesterinnen
Die Flamen waren Priester, die spitze Hüte trugen und

Zu Ehren der Götter opferten die Priester Tiere.

Die wichtigsten römischen Götter

Jupiter, Gott des Himmels und des Lichts. Sein bevorzugtes Tier war der Adler.

Neptun, Gott des Meeres und der Flüsse. Seine Tiere waren der Fisch und das Pferd.

Pluto, Gott des Reichtums und Herr über das Totenreich. Sein Helm machte ihn unsichtbar.

Bacchus, der Gott des Weines, der Pflanzen und des Theaters. Er wurde bei allen Weinfesten geehrt.

Mars, Gott des Krieges. Lanze und Schild waren die Symbole seiner Macht.

Merkur, Gott der Reisenden und Kaufleute. An Hut und Sandalen trug er Flügel.

Diana, die Göttin der Jagd. Sie lebte bei den wilden Tieren im Wald.

Ceres, Göttin der Erde. Ihr Wahrzeichen war die Weizengarbe. Sie sorgte für gute Ernten.

Minerva, die Göttin des Krieges und der Intelligenz. Sie wurde stets mit ihren Waffen dargestellt.

Venus, die Göttin der Schönheit, der Liebe und des Lachens. Sie vertrieb Wolken und Wind.

sich jeweils einer bestimmten Gottheit verschrieben hatten. Andere Priester leiteten bestimmte religiöse Zeremonien, wie etwa die Wagenrennen und die Kampfspiele im Zirkus. Vestalinnen genannte Priesterinnen wachten über das heilige Feuer der Vesta. Bevor sie wichtige Entscheidungen trafen, befragten die Römer Seher, die göttliche Zeichen deuteten, der »augur« las aus dem Flug der Vögel und der »haruspex« aus den Eingeweiden von Opfertieren.

Religiöse Riten

Im Denken der Römer besaß jedes Gebet seine besondere Wirkung und die Wahl von Opfergaben musste gut überlegt sein. Die Fellfarbe und das Geschlecht eines Opfertiers sowie der Ort, an dem es geschlachtet wurde, spielten eine wichtige Rolle. Die Römer bauten für himmlische und unterirdische Gottheiten Altäre. Außerhalb der den betreffenden Göttern geweihten Tage blieben die Tempel geschlossen. Wenn die Götter ihre Wünsche erfüllten, hielten die Römer die ihnen gegebenen Versprechen. Gebet, Opfer und Versprechen waren unerlässlich, um mit den Göttern in Frieden zu leben.

Lebendiges Erbe

Knapp sieben Jahrhunderte lang verbreitete Rom seine Kultur im Abendland und Morgenland. Auch heute noch zeugen Bauwerke, Gesetze und Bräuche in Europa, Nordafrika und dem Nahen Osten von römischen Einflüssen.

Latein, die Sprache der Sieger
Außer im Osten, wo Griechisch vorherrschte, wurde Latein allmählich zur wichtigsten Sprache der Armee, der Verwaltung und des Wirtschaftslebens. Sogar die jungen Gallier lernten es in der Schule. Diese Bedeutung blieb der lateinischen Sprache bis ins Mittelalter hinein erhalten, als sie zur einzigen geschriebenen Sprache Europas wurde. Italienisch, Französisch, Spanisch, Portugiesisch und Rumänisch leiten sich von der lateinischen Sprache ab.

Wie die Römer

Mode, Hygiene, Freizeitgestaltung, Küche, die römische Kultur beeinflusste alle Aspekte des Lebens in allen Teilen des Reiches. Die Einführung von Geld vereinfachte den Handel, die Ziffern erleichterten das Zählen. Wachstäfelchen und Griffel setzten sich als Schreibgerät durch. Die Gallier übernahmen sogar das römische System der drei Namen.

Erbauer von Städten
Die Römer verwandelten Dörfer und Festungen in Städte und gründeten zahlreiche neue Städte, denen sie lateinische Namen gaben. Sie errichteten rings um die Städte Wehrmauern und in den Zentren Foren, Basiliken, Kurien und Tempel.

Ein weitläufiges Straßennetz
Die gepflasterten Straßen erleichterten die Truppenbewegungen, aber auch den Warenverkehr und die Reisen kaiserlicher Boten. Sie verbanden Rom mit den anderen Städten des Reiches.
In regelmäßigen Abständen gab es an ihnen Raststellen, an denen Pferde gewechselt werden konnten.

Regeln des Zusammenlebens
Von Rom ausgehend breiteten sich im Reich Regeln für das Zusammenleben in der Gemeinschaft aus, darunter auch solche, die den Menschen größere persönliche Freiheit, mehr Gerechtigkeit und Sicherheit schenkten. Andere Regeln betrafen die Arbeit, den Handel oder die Landwirtschaft. Viele unserer Gesetze und Rechte gehen auf sie zurück.

Das Römische Reich im 2. Jahrhundert n. Chr.

❶ Segovia in Spanien. Das Aquädukt versorgte die Stadt mit Wasser.

❷ Timgad in Algerien. Die Straße verband die Stadt mit dem Meer.

❸ Orange in Frankreich. Das Theater entstand unter Augustus.

❹ Djemila in Algerien. Mosaikdarstellung der Zirkusspiele

❺ Palmyra in Syrien. Eine von den Römern eroberte Stadt

❻ El Djem in Tunesien. Dreistöckiges Amphitheater

Der Pont du Gard

Die um 50 n. Chr. zweifellos unter Leitung römischer Ingenieure im römischen Gallien erbaute Brücke über den Gardon ist eine der siebzehn Brücken des Aquädukts, das Wasser von einer Quelle in Uzès in die Stadt Nîmes leitete.

Die 490 m lange Brücke erhebt sich 49 m hoch über dem Fluss.

❶ Dieser »Ziege« genannte Kran wurde über ein von Menschen gedrehtes Rad angetrieben und hob die Steinblöcke.

❷ Die unterste Etage bestand aus sechs von Pfeilern gestützten Bögen.

❸ Der Baustoff der Aquäduktbrücke ist ockerfarbener Kalkstein mit Muscheleinschlüssen.

❹ Die Pfeiler haben an der stromaufwärts ausgerichteten Seite einen dreieckigen Vorbau, der bei Hochwasser die Flut teilt.

❺ Aus Holzbalken wurde ein Gerüst für den Bogen gezimmert.

❻ Ein kleiner Kran

❼ Die zweite Etage der Brücke bestand aus elf Bögen. Darüber verlief die Wasserleitung.

❽ Ein Bogen

❾ Die Grundwaage bestand aus einem Holzlineal und einem Lot. Sie ermöglichte, Höhen zu messen und Schrägen zu berechnen.

❿ Der Architekt, er hatte die Pläne für die Brücke gezeichnet.

⓫ Der Ingenieur, er maß und berechnete Abstände und Flächen.

⓬ Der Bauleiter, er leitete die Durchführung der Bauarbeiten.

13 Der Holzfäller hackte die Baumstämme in die gewünschte Form. Daraus wurden Gerüste und Hebemaschinen gebaut.

14 Der Zimmermann, er baute Gerüste und hölzerne Maschinen.

15 Der Schmied, er fertigte und reparierte Werkzeug. Seine Schmiede bestand aus einem Amboss, auf dem er das Metall in Form schlug, aus einem Schmiedefeuer und einem Handblasebalg. Bei der Arbeit trug er einen Lederschurz.

16 Ein Kalkbrenner: Er brannte im Ofen Kalk, damit daraus Mörtel hergestellt werden konnte. Mit dem Mörtel wurden die Steinblöcke verbunden und wasserfest abgedichtet.

17 Der Maurer, er mischte gebrannten Kalk mit Wasser und Sand zu Mörtel.

18 Der Steinmetz bearbeitete die Steinblöcke mit Hammer und Meißel, um sie in die gewünschte Form zu bringen.

19 Hilfsarbeiter gingen den Handwerkern und Arbeitern zur Hand.

20 Legionäre waren mit Sicherheit beim Bau des Pont du Gard anwesend. Unter ihnen können auch Armeeingenieure gewesen sein. Hier pflastern sie die Oberfläche der ersten Brückenetage.

Die Geburt des Christentums

Jesus wurde in der Regierungszeit von Kaiser Augustus in Palästina geboren. Seine Lehre und seine Lebensgeschichte begründeten eine neue Eingott-Religion, das Christentum. Vier Jahrhunderte später wurde das Christentum zur römischen Staatsreligion.

Das Leben Jesu
Jesus kam als Sohn eines jüdischen Zimmermanns in Bethlehem in Palästina zur Welt. Seine Kindheit verbrachte er in Nazareth. Im Alter von ungefähr 30 Jahren bereiste er Palästina und verkündete seine frohe Botschaft von der Liebe Gottes. Das Volk reagierte auf seine Worte mit großem Interesse, doch die jüdischen Priester waren beunruhigt. Als er etwa 33 Jahre alt war, wurde Jesus verhaftet, von Pontius Pilatus verurteilt und in Jerusalem gekreuzigt. Die Römer hielten ihn für einen gefährlichen Volksverhetzer.

Die ersten Christen
Nach dem Tod Jesu behaupteten seine Jünger, ihn lebend gesehen zu haben. Für sie war Jesus der von Gott gesandte Retter, der Messias. Sie verbreiteten seine Lehre, in deren Mittelpunkt Liebe und Brüderlichkeit standen, und bereisten das gesamte Römische Reich. Einige Juden und römische Bürger traten zu dem neuen Glauben über. Sie bildeten neue Gemeinschaften und verehrten einen einzigen Gott. Sie waren die ersten Christen.

Dieses in Italien entdeckte Mosaik aus dem 4. Jahrhundert gilt als eine der ältesten Darstellungen von Jesus Christus.

Die Abkehr von der römischen Religion
Während die Menschen auf dem Land der alten polytheistischen Religion (Religion mit vielen Göttern) treu blieben, wendeten sich die armen Menschen in den Städten dem Christentum zu. Sie weigerten sich, den Kaiser und die römischen

Vor den Toren Jerusalems
So sahen die Tore Jerusalems zu Lebzeiten Jesu aus. Sie wurden von Römern bewacht.

Götter weiter zu verehren, und begannen, bestimmte Bräuche abzulehnen, z. B. die Gladiatorenkämpfe. Die Christen wurden daraufhin gemieden und als abtrünnig angesehen, ihnen wurde vorgeworfen, schlimme Katastrophen verursacht zu haben, wie etwa den Brand von Rom im 1. Jahrhundert n. Chr.

Die Christenverfolgung

Im Laufe des 1. bis 3. Jahrhunderts n. Chr. folgten zahlreiche Kaiser aufeinander, doch ihre Macht nahm langsam, aber stetig ab. Sie klagten die Christen an, die Einheit des Reiches zu bedrohen, und ließen sie verfolgen. Christen wurden zum Tode verurteilt, gefoltert und in den Zirkussen und Theatern hingerichtet. Weil sie lieber sterben, als ihrem Glauben abschwören wollten, wurden sie zu Märtyrern. Viele Menschen waren von ihrem Mut so beeindruckt, dass sie sich ebenfalls zum Christentum bekehrten.

Eine einzige Religion für das gesamte Reich

Im frühen 4. Jahrhundert waren die Christen sehr zahlreich geworden. Ihre religiösen Führer, die Bischöfe, besaßen im Römischen Reich großen Einfluss. Konstantin war der erste römische Kaiser, der sich zum Christentum bekehrte. Er erlaubte den Christen, sich in öffentlichen Sälen, den Basiliken, zum Gottesdienst zu treffen.

Der Fisch war das geheime Erkennungszeichen der frühen Christen. Denn die Anfangsbuchstaben der griechischen Wörter »Jesus Christus Gottes Sohn Heiland« bilden zusammen das Wort »ictus«, Fisch.

Viele spätere Kaiser folgten Konstantins Beispiel und ließen sich taufen. 392 ordnete Kaiser Theodosius die Schließung der Göttertempel an. Damit wurde das Christentum zur Staatsreligion des Römischen Reiches.

Geheime Versammlungsorte

In den Jahrhunderten der Verfolgung versammelten sich die Christen in den Häusern wohlhabender Glaubensbrüder. Häufig teilten sie miteinander Brot und Wein, zur Erinnerung an das letzte Abendmahl, das Jesus im Kreise seiner treuen Jünger, der Apostel, eingenommen hatte. In Rom trafen sich die Christen zum gemeinsamen Gebet in unterirdischen Räumen außerhalb der Stadt. Diese Räume wurden auch zu den ersten christlichen Friedhöfen. Man nennt sie Katakomben.

Die Katakomben sind unterirdische Räume, in denen die ersten Christen ihre Toten beisetzten.

Der Zerfall des Römischen Reiches

Ein germanisches Relief

Drei bis vier Jahrhunderte lang blieben die Römer ungeschlagen und es herrschte Frieden im Reich. Allmählich aber drangen aus Asien und Zentraleuropa fremde Völker in die römischen Gebiete vor und Roms Niedergang setzte ein.

Bedrohtes Reich

Ab dem 3. Jahrhundert verlief das Leben im Römischen Reich nicht mehr so friedlich wie zuvor und Gewalt siegte über Gesetze. Außerdem tauchten jenseits der Grenzen des Reiches feindliche Völker auf. Da die Römer ihre Sprachen nicht verstanden, verglichen sie sie mit Gebrabbel und nannten sie deshalb verächtlich »Barbaren.«

Der Hadrianswall

An manchen Stellen schützte ein Wall die Grenzen des Römischen Reiches. Der im frühen 2. Jahrhundert erbaute Hadrianswall (oben Reste des Walls) war über 100 km lang und sollte verhindern, dass feindliche Stämme in Britannien (das heutige England) einfielen.

Attila

Nach seinem Tod wurde der Hunnenkönig Attila zum Sagenheld. Von ihm hieß es: »Dort, wo er vorbeikam, wächst kein Gras mehr«.

Die Hunnen, ein Volk von Nomaden
Um 370 fielen die aus Zentralasien stammenden Hunnen in Europa ein. Die römischen Schriftsteller berichteten, dass sie im Sattel aßen und schliefen und dass ihre Kleider nach Tierurin stanken. In Wirklichkeit waren die Hunnen Nomaden, also Hirten, die mit ihren Herden umherzogen. Auf dem Weg nach Westeuropa griffen sie andere Völker an, darunter die Ostgoten und die Westgoten, die daraufhin im Römischen Reich Schutz suchten. Bald verbreitete allein schon das Wort »Hunne« Angst und Schrecken.

Die Teilung des Reiches
In der Hoffnung, den Eindringlingen so besser standhalten zu können, teilte Kaiser Theodosius das Reich zwischen seinen beiden Söhnen auf. Auf diese Weise entstanden das Weströmische und das Oströmische Reich. Das strategisch günstig gelegene Konstantinopel wurde zur Hauptstadt des Oströmischen Reiches. Heute ist die Stadt türkisch und heißt Istanbul.

Eroberungswelle
Zwischen dem 4. und dem 5. Jahrhundert folgte ein Eroberungszug auf den anderen. Die Ostgoten siedelten im heutigen Ungarn. 401 drangen die Westgoten nach Norditalien vor. Ihr Anführer Alarich ließ später Rom plündern. Die aus den Gebieten östlich des Rheins kommenden Franken zogen nach Gallien. Weitere Völker, darunter die Angeln, die Sachsen und die Vandalen, ließen sich in römischen Gebieten nieder und gründeten dort eigene Reiche. Diese Völker sind die Vorfahren der heutigen Europäer.

Die Plünderung Roms
Im Jahr 455 plünderten die aus Germanien stammenden Vandalen Rom 15 Tage lang.

Bei den Germanen trugen Männer wie Frauen solche Bronzebroschen. Diese Spangen oder Fibeln hielten Kleidungsstücke zusammen.

Der Untergang des Reiches
Mitte des 5. Jahrhunderts folgten die Kaiser des Weströmischen Reiches rasch aufeinander. Manche regierten nur wenige Monate. Nach und nach verlor die Armee ihre Schlagkraft. 476 wurde der letzte weströmische Kaiser von dem germanischen Stammeschef Odoaker gestürzt. Odoaker erklärte sich zum König von Italien, und das Weströmische Reich hörte auf zu existieren. Das Oströmische Reich bestand bis 1453.

Die Schlacht auf den Katalaunischen Feldern

Im Juni 451 stellten sich die von Attila angeführten Hunnen der Armee des weströmischen Generals Aëtius entgegen. Die Schlacht fand in der Region Champagne in Gallien statt. Die Reiter und Bogenschützen der Hunnen griffen die langsam marschierenden Legionäre unverzüglich an. Später behaupteten die Römer, Attila besiegt zu haben. Tatsächlich aber gab es keinen Sieger und keinen Besiegten.

Noch mehr Infos

Zwei Monate mit 31 Tagen

Das Jahr mit 365 Tagen verdanken wir Julius Cäsar. Später beschloss der Senat, den Monat Juli Julius Cäsar und den August, dem Kaiser Augustus zu widmen, und legte die Dauer beider Monate auf 31 Tage fest. Somit wurde beiden berühmten Männern die gleiche Ehre zuteil.

Zeichen der Trauer

Zum Zeichen der Trauer ließen sich die Römer Bart und Haare wachsen.

Tausende von Statuen

Wohlhabende Römer und Römerinnen ließen sich gerne von Bildhauern porträtieren. Mit den Statuen schmückten sie ihre Gärten. Zum Zeitpunkt des Niedergangs des Römischen Reiches gab es in Rom Dutzende verzierter Säulen und Triumphbögen und Tausende von Götterstatuen und Kaiserdenkmälern aus Bronze, Marmor und Elfenbein.

Schreckliche Brände

In Rom brannte es häufig. Die Feuerwehr setzte sich aus Legionären zusammen und hatte immer zu wenige Männer. Am furchtbarsten wütete das Feuer 64 n. Chr., der Brand hielt fast eine Woche lang an.

Amphoren gegen Tonnen

Zur Lagerung von Wein und Olivenöl verwendeten die Römer Amphoren aus gebranntem Ton. Ab dem 2. Jahrhundert wurde Wein jedoch in Holzfässern transportiert, sie waren eine Erfindung der Gallier.

Ostia, Roms Handelshafen

Jahrhunderte hindurch war Ostia der größte Hafen des Römischen Reiches. Es lag südwestlich von Rom an der Mündung des Tiber. Die Hafenarbeiter entluden Güter aus der gesamten bekannten Welt. Von Ochsen gezogene Boote brachten die Waren nach Rom. Für die 25 km lange Strecke brauchten sie drei Tage.

Das langhaarige Gallien

Die Römer gaben dem keltischen Gallien den Spitznamen »langhaariges Gallien«, weil dessen Bewohner die Haare lang trugen.

Theaterfans
Die Römer gingen gerne ins Theater. Am liebsten sahen sie sich Komödien an. Beliebt war auch die Pantomime, bei der die Schauspieler ohne zu sprechen Alltagsszenen nachspielten.

Ein Kaiser in der Arena
Kaiser Commodus genoss keinen guten Ruf. Er war größenwahnsinnig. Historiker berichten, dass er sich in Anlehnung an den Halbgott Herkules in Tierfelle kleidete und an Gladiatorenkämpfen teilnahm.

Allgemeine Lieblingsfarbe
Die Römer mochten die Farbe Rot sehr und Blau gar nicht. Blau war für sie die Farbe der Trauer und ihrer Feinde, der Barbaren. Tatsächlich bemalten die Krieger mancher Völker, darunter auch der Germanen, ihre Körper mit blauer Farbe, um dem Gegner Angst einzujagen.

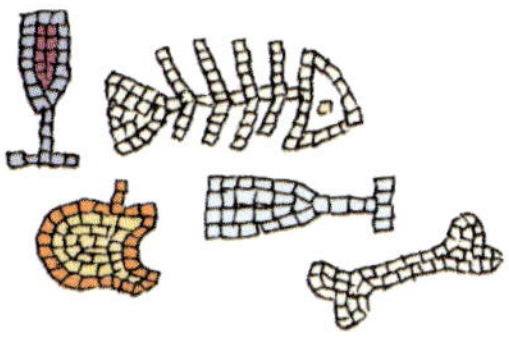

Bunte Fußböden
In den Häusern reicher Römer gab es viele Mosaike. Sie bestanden aus kleinen farbigen Würfeln aus glasiertem Ton, Glas oder Marmor und stellten Szenen aus der Mythologie oder aus dem Alltag dar. Die Kunst des Mosaiklegens hatten sie von den Griechen übernommen.

Der berühmteste Gallier
Vercingetorix wurde durch Cäsar berühmt. Julius Cäsar berichtete in seiner Schrift »De bello Gallico« über die Kämpfe gegen dieses Stammesoberhaupt in Gallien.

Comicsäule
Kaiser Trajan ließ in Rom eine 30 m hohe Säule aufstellen. Auf ihr sind Kriegsszenen mit insgesamt 2500 Figuren abgebildet. Würde man die Szenen aneinanderreihen, wäre dieser Vorläufer unserer Comics 200 m lang.

Antiker Fußball
Legionäre bildeten zwei Mannschaften und kickten einander auf einem Platz eine Steinkugel zu. Das Spiel erforderte gute Beobachtungsgabe und strategisches Denken. Es war einer der Vorläufer des modernen Fußballs.

Lateinische Schrift
Ab dem 1. Jahrhundert schrieben die Römer in Schreibschrift. Diese einfachere und schneller zu schreibende Schrift ersetzte die bis dahin übliche Schreibweise in Großbuchstaben.

Gladiatorenkämpfe
Gladiatoren und mitunter auch »Gladiatorinnen« traten jeweils zu zweit mit verschiedenen Waffen gegeneinander an. So konnte z. B. einer einen Dreizack und ein Netz haben und sein Gegner Schild, Helm und Schwert. Bei den Kämpfen durften nur Erwachsene zuschauen. Im frühen 5. Jahrhundert n. Chr. wurden sie verboten.

Ein wohlverdienter Ruhestand
Die Pferde für die Wagenrennen wurden aus Spanien eingeführt. Nach mehreren Jahren Einsatz auf der Rennbahn erhielten sie ihr Gnadenbrot. Keines von ihnen wurde getötet. Einige wurden nach ihrem natürlichen Tod sogar mit Denkmälern geehrt.

Kieselsteine
Unser Wort »kalkulieren« (berechnen) ist vom lateinischen »calculus« abgeleitet, das »Kieselstein« bedeutet. Es bezog sich auf die mit geometrischen Mustern versehenen und in Mesopotamien gefundenen Steine, mit denen die Sumerer zählten.

Wann endete die Antike?

Die Antike ist die erste der vier großen Perioden der Weltgeschichte. Nach Ansicht mancher Historiker ging sie bis 395, dem Jahr, in dem das Römische Reich geteilt wurde. Für andere ist das letzte Jahr 476, in dem die Regierungszeit des letzten weströmischen Kaisers endete. Das Leben der Menschen veränderte sich nicht in einem bestimmten Jahr, sondern im Laufe des 4. und 5. Jahrhunderts. Danach brach eine neue Periode an, das Mittelalter.

Seit der Antike hat sich auf der Welt vieles verändert. Die Bedürfnisse, Ziele und Träume der Menschen aber sind oft noch die gleichen. Nach wie vor werden Nachrichten ausgetauscht und Kriege geführt, gehen die Menschen auf Reisen, amüsieren sich und machen neue Entdeckungen.

Krieg

Mesopotamischer Bogenschütze

Mykenische Soldaten

Römische Legionäre

Soldaten des 20. Jahrhunderts

Schreiben

Das mit Wachs überzogene Holztäfelchen und der Griffel waren das Schreibwerkzeug der römischen Schüler.

Ein Grieche schreibt auf einer Holztafel.

Ägyptischer Schreiber mit Tontafel

Heute »verzieren« Graffiti die Hauswände.

Spielen

Ein ägyptischer Pharao und seine Gattin spielen Senet.

Römer spielen mit Würfeln um Geld.

Ein Grieche und eine Griechin beim Ballspiel

19. Jahrhundert, der Maler Paul Cézanne hält eine Partie Karten fest.

Reisen

Ein ägyptisches Schiff auf dem Nil

Ein römisches Schiff fährt in den Hafen Ostia bei Rom ein.

Mesopotamische Schiffe befördern Holz aus dem Libanon.

1935, ein großer Passagierdampfer, der zwischen Frankreich und den USA verkehrte

Essen

Ein Ägypter beim Pflücken von Feigen, die auch Affen sehr schätzen

Eine Griechin bei der Traubenernte

Ein Römer füllt seinen Korb mit reifen Früchten.

Auch heute noch pflücken wir gerne Obst.

Schönheit

Ägypterinnen beim Schminken, eine Dienerin hilft ihnen dabei.

Eine Griechin bei der Schönheitspflege

Eine Schauspielerin in ihrer Garderobe

Eine reiche Römerin bewundert sich und ihren Schmuck im Spiegel.

Register

Bildnachweis:
u = unten, o = oben, r = rechts, l = links, m = Mitte

Kapitelanfänge:
S. 10–11: Stierkopf, mit einer Harfe geschmückt
S. 22–23: Papyrus
S. 66–67: Schriften vom Toten Meer
S. 76–77: Ausschnitt einer Vase, die Achilles im Kampf zeigt
S. 122–123: Mosaik, das Gladiatoren beim Kampf zeigt

ECPAD
66ur

PICTURE DESK / DAGLI ORTI
10, 12r, 13, 14or, 14u, 20u, 21, 22, 24u, 28r, 28l, 32, 33, 35, 36, 37, 39, 41, 42, 43, 44, 45o, 45u, 51, 53u, 56 Klappe, 58, 59o, 59u, 61or, 69u, 69o, 76, 78, 79, 81m, 81u, 85, 92o, 93, 95u, 95o, 96, 101, 102, 103, 104l, 104r, 105o, 105u, 106l, 106r, 106u, 107o, 109u, 112, 114l, 114r, 115or, 115ol, 117o, 117m, 117u, 118o, 118u, 122, 124, 125o, 126, 127, 128, 129, 130 und 165, 134, 137, 139, 141, 144, 145r, 145l, 147, 151l, 151r, 152, 153o, 153u, 157lm, 157or, 157mr, 157ur, 157ol, 160, 161o, 161u, 162o, 166ol, 166or, 166, 167ool, 167oor, 167oul, 167ul, 167uom, 167uod, 167ur, 169ol, 169oor, 169our, 168uol, 168uulr, 168ull, 168oor, 168oul, 168ool, 168our

GROUPE GHFP

Explorer Archives / Keystone-France
Lenars C.- J.: 16, 20o, 25, 50, 81o; Collection ES: 12l, 34; Evans M.: 61u, 64l; Evans M. Picture Library: 100; Varga J.-C.: 14ol, 24o, 68

Gamma
Schuhback/Contrast: 30ol

Hachette
Champollion H.: 158; Grandadam S.: 70; Lawrence B.: 162d ; Buss W.: 72

Hoa-Qui
Dallet J.D. / Age: 29, 40; Grandadam S.: 167our, 30or; Perousse B.: 92u; Putelat S.: 80o, 97u; Sappa C.: 47; Werner O. / Age: 46

Imagestate
Eckersley S.: 168ur

Rapho
Gerster G.: 80u, 157ul; Guenet F.: 60, 61ol; Rausch C.: 64r; Ronis W.: 167mr; Ross J.-G.: 30u; Stark G.: 66; Weiss S.: 109

TOP
Champollion H.: 53o, 55, 97o, 115b, 130u

Der Verlag dankt der Redaktion der Zeitschrift Images Doc,
insbesondere der Chefredakteurin Catherine Béchaux, dem Art-Direktor Emmanuel Mercier und Pascale Bouchié, Chef der Geschichtsredaktion

Verlag und Autor danken den folgenden Fachlektoren:
Claude Aziza, Universität Sorbonne Nouvelle
Sophie Cluza, Kuratorin der Orientalischen Antikenabteilung des Louvre
Sabine Lutun, Lehrerin
Sophie Madeleine, Doktorin der Alten Geschichte und Mitglied des Teams »Plan de Rome« von der Universität Caen sowie dem Teamleiter Ph. Fleury.
Florence Maruéjol, Doktor der Ägyptologie
Jean-Luc Pouthier, Direktor der Abteilung Theologie und Religionsgeschichte bei Bayard Éditions

Illustrationen
Die Illustrationen auf den Seiten »Noch mehr Infos« sowie neben den Einleitungen und in den Kästen der übrigen Doppelseiten wurden von Béatrice Veillon gezeichnet, mit Ausnahme der Folgenden:
12, 14, 15 und 20 (Einleitungen und Kästen): Amélie Veaux; 128 (Einleitung): Thierry Christman; 131 (Einleitung): Catherine Chion; 150 (Einleitung): Yves Beaujard

Yves Beaujeard: 150-151u; Catherine Chion: 29r, 31, 37, 38-39, 40, 41, 42, 43, 45or, 58, 59, 78, 79, 107, 130, 131-132-133; Thierry Christmann: 82u, 83, 100, 101r, 106, 108, 129, 145;
Michel Conversin: 101l, 105, 138, 139u; Dominique de Hollogne: 141, 142, 143-144, 118, 148-149; Patrick Deubelbeiss: 29l, 44, 47, 50, 51, 82o, 93, 95, 96, 97, 98, 99, 103o, 104, 113, 119o, 134-135, 146ul, 155, 156; Dhomi: 162 ; Didier Florenz: 54-55; Christian Heinrich: 126-127, 136, 137, 139o, 154; Ginette Hoffmann: 71, 73; Gilbert Houbre: 25, 26-27 ; Blaise Jacob: 146, 147o; Laurent Lolmède: 13, 15, 17, 18-19; Emmanuel Mercier: 10, 11; Marie Cristina Pritelli: 110-111, 112; Vincent Protoy: 119u; J. Terpeant: 142-143; Marie Thoisy: 124; Jean Torton: 48-49, 61, 62, 63, 86-87, 88, 89, 103u;
Amélie Veaux: 40, 69-70, 84, 90-91, 116, 140-141

Karte der Antiken Welt 6-7: Amélie Veaux